Emerich Coreth Einführung in die Philosophie der Neuzeit

**rombach hochschul paperback band 51**
redaktion gerd-klaus kaltenbrunner

Gestartet in einer Periode leidenschaftlicher Diskussion über die möglichen Wege einer Hochschulreform, will die Sammlung »rombach hochschul paperback« als Beitrag zur Überwindung der Misere an den Universitäten verstanden sein. Auf ihrem Programm stehen durchweg Grund- und Einführungvorlesungen aus allen natur- und geisteswissenschaftlichen Lehrfächern. In handlichen und preiswerten Ausgaben erscheinen jährlich an die zehn Vorlesungen aus deutschsprachigen Universitäten.

Die neue Reihe will die Vorlesungen nicht ersetzen, sondern ergänzen. Den akademischen Lehrern bietet sie die Möglichkeit, den mündlichen Vortrag sowohl zu entlasten als auch zu vertiefen; den Studenten liefert sie authentische Arbeitsunterlagen, die vom Zwang andauernden Mitschreibens befreien und den Rückgriff auf die oft unzuverlässigen »Skripten« überflüssig machen. Während die großen Lehrbücher für Studenten kaum erschwinglich sind und überdies angesichts der Akzeleration wissenschaftlicher Erkenntnis immer rascher veralten, sind die Bände der Sammlung »rombach hochschul paperback« bewußt auf die Bedürfnisse der Studierenden zugeschnitten und so konzipiert, daß sie den Erfordernissen der einzelnen Lehrgegenstände maximal entgegenkommen und in den häufig notwendigen Neuauflagen jeweils auf den letzten Stand gebracht werden können.

Über die für jede akademische Ausbildung unumgängliche Vermittlung von Fakten und Methoden hinaus bietet die Sammlung »rombach hochschul paperback« den Studierenden repräsentative Beispiele wissenschaftlicher Argumentation und Orientierung, die zur begrifflichen Schulung und Durchdringung des Wissensstoffes, vor allem aber zum kritischen Mit- und Weiterdenken stimulieren wollen.

Hervorgegangen aus Vorlesungen und bestimmt zur Vertiefung des in Vorlesungen erworbenen Wissens, sind die Bände der Sammlung »rombach hochschul paperback« eine authentische Dokumentation akademischen Unterrichts in einer Gesellschaft, die wie nie zuvor auf Wissenschaft, Forschung und Bildung angewiesen ist.

Emerich Coreth

# Einführung in die Philosophie der Neuzeit

## Band I
Rationalismus – Empirismus – Aufklärung

Verlag Rombach Freiburg

Imprimi potest. Wien, 29. Februar 1972.
P. Provinzial Joh. Chr. Pilz S. J.

Imprimatur. Innsbruck, 3. Juli 1972.
Generalvikar Dr. J. Hammerl.

 Gesamtherstellung durch das Druckhaus Rombach+Co, 78 Freiburg, Lörracher Straße 3. Printed in Germany. ISBN 3-7930-0971-8

# Inhalt

# Vorwort

Die Geschichte der neueren Philosophie, deren erster Teil hier vorliegt, ist aus Vorlesungen entstanden, in denen ich an der Universität Innsbruck seit vielen Jahren die Geschichte der Philosophie behandle. Wenn ich diese knappe und deshalb sicher unvollkommene Darstellung zu veröffentlichen wage, so muß dazu gesagt werden: Sie will nur als handlicher *Lehr- und Lernbehelf* dem Studium der Philosophie dienen. Sie will nur eine *Einführung* in die Geschichte des neuzeitlichen Denkens geben, die zwar die wesentlichen, geistesgeschichtlich wirksam gewordenen Probleme, ihre Ursprünge, Auswirkungen und Zusammenhänge herausstellt, aber auf eine Auseinandersetzung mit Einzelproblemen der Forschung und Auslegung verzichten muß. Wenn auch seit Jahren wiederholt aufgefordert, diese Vorlesungen im Druck herauszugeben, hatte ich dagegen bisher sachliche Bedenken, vor allem, weil es schon viele, mehr oder minder gründliche Darstellungen der Philosophiegeschichte gibt, die zu übertreffen oder zu ersetzen ich mir nicht anmaßen kann. Durch den dankenswerten Vorschlag des Verlags, die *Vorlesungen als solche* – nur mit geringfügiger Ergänzung und Überarbeitung – in der Reihe »rombach hochschul paperback« herauszugeben, wurden meine Bedenken weitgehend behoben. Diese Reihe scheint mir durch ihre Eigenart und Zielsetzung einen geeigneten Rahmen dafür zu bieten. Auch könnte die Veröffentlichung in dieser Form einem Anliegen der Zeit entgegenkommen. In der gegenwärtigen Diskussion über Hochschulstudium und Hochschuldidaktik zeigt sich vielfach das Bestreben, die akademische Vorlesung zugunsten vermehrten Eigenstudiums einzuschränken. Sicher behält die Vorlesung ihre unersetzliche Funktion, die Studierenden in die Problematik einzuführen, ihr Verständnis und Interesse zu erwecken, ihrem eigenen Studium Wege zu weisen und Hilfe zu bieten. Aber vieles, was wir in Vorlesungen sagen, kann der Student ebensogut, vielleicht besser, nämlich seinem jeweiligen Verständnis entsprechend, selbst lesen und sich in eigenem Studium aneignen. Das setzt aber voraus, daß es geeignete Unterlagen gibt, die den Wissensstoff in verständlicher und übersichtlicher Weise darlegen, Wesentliches von weniger Wichtigem abheben und die Sache aus einer Gesamtschau ihrer Zusammenhänge vermitteln. Ist das nicht der Fall, so muß der Studierende in der Überfülle an Problemen und an Literatur die Orientierung verlieren; er wird mehr verwirrt als geistig geformt und bereichert. Ob der vorliegende Abriß der neueren Philosophiegeschichte in etwa eine orientierende Einführung zu geben und zugleich auf die entscheidenden Ansatzpunkte einer kritischen Stellungnahme hinzuweisen vermag – dies zu beurteilen sei denen überlassen, die lehrend oder lernend davon Gebrauch machen werden.

Daß dadurch das Studium anderer und größerer Werke über die Geschichte der Philosophie und der einschlägigen Fachliteratur nicht ersetzt werden soll, ist selbstverständlich. Erst recht aber kann dadurch das Studium der Erstquellen, nämlich der Hauptwerke der großen, geschichtsmächtig gewordenen Denker, niemals aufgewogen werden. Eine derart einführende Darstellung hat keine andere und höhere Aufgabe, als das Verständnis für das Denken der großen Philosophen der Vergangenheit zu eröffnen, zu eigenem Studium ihrer Werke hinzuführen und die eigene Auseinandersetzung mit ihnen anzuregen. Zu diesem Zweck ist ein *bibliographischer Anhang* beigefügt, der sowohl die gängigen und greifbaren Ausgaben der Quellenwerke als auch eine Auswahl der wichtigsten, vor allem neueren und leicht zugänglichen Literatur zur Geschichte der neuzeitlichen Philosophie und zu ihren einzelnen großen Vertretern angibt.

Aufrichtigen Dank schulde ich meinem Assistenten Dr. Siegfried Battisti, der die bibliographischen Angaben zusammengestellt und mir bei der Herstellung der Register und bei der Korrekturarbeit wesentliche Hilfe geleistet hat.

Ein zweiter Band über Kant und den deutschen Idealismus wird voraussichtlich im kommenden Jahr folgen.

Innsbruck, März 1972 Emerich Coreth

# 1 Vorbereitung

## 1.1 Vom Mittelalter zur Neuzeit

In der Geschichte der Philosophie können ebenso wie in der gesamten Weltgeschichte drei große Perioden unterschieden werden: Altertum, Mittelalter und Neuzeit. Eine solche Gliederung ist allerdings in der Geistesgeschichte noch fragwürdiger als in der politischen Geschichte, weil sich geistige Bewegungen noch weniger auf bestimmt datierbare Ereignisse zurückführen lassen. Dies zeigt sich deutlich im Übergang vom Mittelalter zur Neuzeit. Sicher gibt es einen spezifisch neuzeitlichen Geist philosophischen Denkens, der aber erst seit Descartes im 17. Jahrhundert deutlich greifbare Gestalt gewinnt. Davor liegt eine lange Übergangszeit, deren Ansätze noch tief ins Mittelalter zurückreichen, einen geistigen Umbruch auslösen, ein neues, ebenso intensives wie vielgestaltiges Suchen nach neuen Wegen hervorrufen und schließlich im Rationalismus und Empirismus ihren methodisch-systematischen Niederschlag finden.
Wir müssen deshalb zurückgreifen auf die allgemein geistigen Bewegungen der Zeit, die den Übergang vom Mittelalter zur Neuzeit kennzeichnen und den Hintergrund für den Einsatz der neueren Philosophie bilden. Es sind vor allem Nominalismus, Humanismus und Reformation.

### 1.11 Nominalismus

Die innere Auflösung der mittelalterlichen Weltanschauung und Gesellschaftsordnung findet ihren geistigen Ausdruck im Nominalismus des Spätmittelalters, in dem das scholastische Denken in die *Krise* gerät. Eine Problemspannung, die in der ganzen Scholastik des Mittelalters lag, tritt jetzt offen in Erscheinung und führt zum offenen Bruch. Es ist – in historischer Kurzformel ausgedrückt – die *Spannung zwischen Platonismus und Aristotelismus.* Auf der einen Seite steht ein Platonismus, der die Unmittelbarkeit geistig-intuitiver Erkenntnis vertritt: Unmittelbar, nämlich ohne Vermittlung durch die Sinneswahrnehmung, erschaut der Geist das allgemeine Wesen der Dinge und erfährt ebenso unmittelbar, ohne Vermittlung der sinnenhaften Erfahrungswelt, die metaphysische Realität Gottes. Dem steht auf der anderen Seite ein Aristotelismus gegenüber, der die geistige Erkenntnis zurückbindet an die sinnliche Erfahrung. Wir erfassen das Wesen der Dinge nur vermittelt, nämlich durch Abstraktion aus der sinnenhaften Erscheinung, und erreichen die Transzendenz nur durch Vermittlung der Erfahrung und des begrifflich-logischen Denkens.

In der Spannung dieses Gegensatzes steht das ganze mittelalterliche Denken. Das frühe Mittelalter war platonisch-neuplatonisch bestimmt, vor allem durch den vorherrschenden Einfluß des *Augustinus,* mit noch schärferen, spezifisch neuplatonischen Akzenten durch *Pseudo-Dionysius Areopagita,* über *Scotus Eriugena* und *Anselm* bis in die beginnende Scholastik, die entscheidend in der augustinischen Tradition und unter dem Einfluß christlich-neuplatonischen Denkens stand.

Die Hochscholastik des 13. Jahrhunderts, vor allem *Thomas von Aquin,* der darin richtungweisend wurde, entscheidet sich dagegen für *Aristoteles,* gegen die Unmittelbarkeit der Intuition für die Vermittlung der Abstraktion, das heißt: für ein abstraktiv-diskursives Denken, das an die Erfahrung gebunden ist, aber nicht empiristisch verstanden wird, sondern das intuitive Element in sich aufnimmt. Intelligere heißt für Thomas *»intus legere«,* also das geistige Durchdringen und Durchschauen der Erfahrungsgehalte, so daß in ihnen das geistig erfaßbare Wesen aufleuchtet.

In der Spätscholastik aber, nämlich in der Bewegung des Nominalismus, der mit *Wilhelm von Ockham* im 14. Jahrhundert einsetzt und sich in der Folgezeit verschärft, wird das Denken noch mehr an die bloße Erfahrung gebunden, so daß es darin unterzugehen droht. Die Allgemeinheit des Begriffes löst sich auf in die Einzelheit der jeweiligen Erscheinung. Es gibt kein echtes Universale mehr, in dem das gemeinsame Wesen einer

Vielheit von Einzeldingen erfaßt würde. Es gibt nur noch einen gemeinsamen Namen für eine Vielheit einzelner Erscheinungen. Damit ist das begrifflich-rationale Denken abgewertet, seine Gültigkeit in Frage gestellt. Wenn es schon in der Immanenz der Erfahrungswelt nicht mehr das Wesen der Dinge erreicht, so kann es erst recht nicht mehr einen Zugang zur Transzendenz eröffnen. Das menschliche, nämlich begrifflich-rationale Denken bleibt auf den Bereich innerweltlicher Erfahrung beschränkt.
So wird auf der einen Seite das Denken an die Erfahrung verwiesen. Es wendet sich vom Jenseits zum Diesseits, von der Transzendenz zur Immanenz, es wendet sich der Erkenntnis dieser Welt, der Natur zu. Dies wird zum Ansatz der *Naturwissenschaft,* die eben jetzt exakt im modernen Sinn neu begründet wird und ihren neuzeitlichen Fortschritt und Siegeszug antritt. Auf der anderen Seite aber, sofern das Denken aus religiösen Motiven an der Transzendenz festhält, findet es dazu keinen rationalen Zugang mehr, sondern ist auf andere Wege verwiesen. Von hier gehen theologisch die Entwicklungslinien zum Glaubensbegriff des Protestantismus. Der Glaube wird zum irrationalen Sprung blinden Vertrauens, der durch rationale Erkenntnis weder zu begründen noch zu rechtfertigen ist. Philosophisch aber drückt es sich vielfach darin aus, daß von neuem, jenseits des begrifflich-rationalen Denkens des Verstandes, eine überbegrifflich-überrationale Intuition der Vernunft in Anspruch genommen wird. Das heißt aber, daß der Nominalismus sein Gegenextrem erweckt: die Wiederkehr platonisch-neuplatonischen Denkens, das sich ausdrücklich gegen die verfallende Scholastik richtet und auf die Tradition neuplatonisch-mystischer Theologie beruft. Dies wird besonders deutlich beim großen *Nikolaus von Kues (Cusanus).* Aber dieselbe Tendenz liegt später ebenso nicht nur den mystisch-theosophischen Bewegungen, sondern auch der »eingeborenen Idee« von *Descartes,* der Unterscheidung von Verstand und Herz bei *Pascal* und dem Ontologismus *Malebranches* zugrunde. Es wirkt tief in das neuzeitliche Denken ein.

## 1.12 Humanismus

Damit verbindet sich ein zweites Element im Geistesleben jener Zeit: der Humanismus, der von Italien seinen Ausgang nimmt. Auch er will die erstarrte, leblos gewordene Scholastik des späten Mittelalters überwinden. Er will das volle und konkrete, lebendig Menschliche – das »Humanum« – zur Geltung und Entfaltung bringen. Aus diesem Anliegen erweckt er die Antike zu neuem Leben. Doch ist der Humanismus durchaus nicht von Anfang an eine naturalistische oder antichristliche Bewegung, als die er später vielfach erscheint. Im Gegenteil, gerade im Abwehrkampf gegen naturalistische, sogar materialistische Tendenzen des *Averroismus,* der mit Aristoteles in das Abendland eingedrungen war, ruft man die Denker und Dichter des klassischen Altertums als Zeugen für die allgemein menschliche und christliche Wahrheit auf. Gegen die Lehre der lateinischen Averroisten von der doppelten Wahrheit treten die Humanisten für die *eine* Wahrheit auf, die ebenso von den Denkern der griechischen und römischen Antike wie in der Heiligen Schrift und von den Kirchenvätern bezeugt ist. So wendet man sich mit neuer Wertschätzung der geistigen und kulturellen Welt des griechisch-römischen Altertums zu. Klassische Bildung gewinnt aber bald das Übergewicht gegenüber dem christlichen Glauben, so daß die humanistische Bewegung in vielen ihrer Gestalten in antikes Heidentum zurückfällt.

Das klassische Altertum wird wiedererweckt mit seiner Kultur und Kunst, seiner Dichtung und Philosophie, mit seinen hervorragenden Leistungen auf allen geistig-kulturellen Gebieten. Nun ist aber die antike Kultur eine heidnische, vorchristliche Kultur. So meint man darin die Leistungen des natürlich Menschlichen zu entdecken gegenüber der christlich-übernatürlich bestimmten Kultur des Mittelalters. Hier offenbart sich der Mensch in seinen eigenen Kräften und Fähigkeiten, der Mensch in seiner Welt. So setzt mit der Wiederentdeckung der Antike dasjenige ein, was man mit Jacob Burckhardt als eine »Entdeckung der Welt und des Menschen« bezeichnen kann. Während im Mittelalter die gesamte Kultur ein vorwiegend sakrales Gepräge trug und die einzelnen Lebens- und Kulturbereiche, auch Kunst und Wissenschaft, der einheitlich christlichen Weltordnung eingefügt waren und in ihrem Dienst standen, wird jetzt der Mensch in seinem natürlichen Eigenwert entdeckt, treten alle innerweltlichen Seins- und Wertbereiche in ihrer immanenten Eigenständigkeit neu in den Blick. Dadurch setzt eine Bewegung des Denkens von der Transzendenz zur Immanenz, vom Jenseits zum Diesseits ein. Und damit verbindet sich, trotz der Verschiedenheit des historischen Ursprungs, der Humanismus mit dem Nominalismus; sie wirken sich in derselben Richtung einer Wende zur Welt aus. Trotzdem gab es zugleich durch Jahrhunderte einen christlichen Humanismus – *Nikolaus von Kues* und *Thomas Morus* bezeugen es –, dem es um Erneuerung und Vertiefung der Bildung, nämlich echt menschlicher und christlicher Bildung, geht und der zum Hauptträger der Reformbewegungen innerhalb der Kirche jener Zeit wurde, mit diesem Anliegen aber nicht oder nur zu spät durchdringen konnte.

### 1.13 Reformation

Dies führt zu einer weiteren Erscheinung im geistigen Leben, die eine ungeheure Erschütterung des Abendlandes durch den Bruch seiner religiösen Einheit zur Folge hatte: die Reformation. Sie hat, wie bekannt, eine lange und tragische Vorgeschichte, die weit in das späte Mittelalter hineinreicht. Der Kampf zwischen Kaisertum und Papsttum im Investiturstreit, das Exil der Päpste in Avignon, das abendländische Schisma, schwere Mißstände im kirchlichen Leben und dazu als Folge von Humanismus und Renaissance der Einbruch weltlichen Geistes in den kirchlichen Raum – dies alles waren schon längst Alarmzeichen, denen die stürmische Forderung nach Reform der Kirche »an Haupt und Gliedern« entsprang. Auf diesem Hintergrund steht der religiöse Aufstand, der schließlich von *Martin Luther* (1483–1546) ausgelöst wurde. Die Bewegung der Reformation war von dem echt christlich-religiösen Anliegen getragen, gegenüber allen äußeren Verstellungen und Verzerrungen des Christlichen zum reinen Evangelium zurückzukehren, wenn sich dieses Anliegen auch im weiteren Verlauf mit mancherlei politischen Absichten verband. Sachlich aber verlagert sich durch die Reformation das Verständnis des Christlichen von der Tradition auf das reine *Wort der Schrift*, von der sichtbaren Kirche auf die Rechtfertigung und Begnadung des Individuums, vom kirchlichen Lehramt auf den

Glauben und das allein an der Schrift orientierte Glaubensverständnis des einzelnen, somit allgemein von der objektiv vorgegebenen Glaubenslehre auf das subjektiv christliche Glaubens- und Gnadenbewußtsein des einzelnen Gläubigen. Hier kündigt sich im Religiösen schon die neuzeitliche *Wende zum Subjekt* an, die im philosophischen Denken noch deutlicher und schärfer hervortreten wird.
Geistesgeschichtlich nicht minder folgenschwer ist aber, daß die Reformation des 16. Jahrhunderts zum Bruch der geistig-kulturellen Einheit des Abendlandes führt. Die Gemeinsamkeit im einen Glauben der einen Kirche geht verloren. Wir können heute die ungeheure Erschütterung und Verwirrung durch dieses Geschehen kaum mehr ermessen. Das Leben des mittelalterlichen Menschen, das ganze Sozialgefüge und politische und kulturelle Geschehen standen wie selbstverständlich im Raume des gemeinsamen Glaubens, der alle Lebensbereiche bestimmend durchdrang. Durch den Bruch der religiösen und kirchlichen Einheit geht diese Gemeinsamkeit verloren. Der Mensch verliert die fraglose Geborgenheit im Glauben der einen Kirche. Er wird auf die eigene Entscheidung, auf das eigene Gewissen, somit auch auf das eigene kritische Denken zurückverwiesen. So stellt sich – wenn auch nicht unmittelbar im Sinne der reformatorischen Tendenz – mit neuer Schärfe die philosophische Frage nach der Wahrheit. Der Mensch ist auf sich selbst zurückgeworfen und stellt unabhängig vom Glauben, von der Kirche und der Theologie die Frage nach seinem eigenen Standort im Ganzen der Welt. Und er stellt diese Frage jetzt ganz anders als der Mensch des Mittelalters: als autonomes Subjekt auf dem Forum der reinen Vernunft.

## 1.2 Der Geist der Renaissance

Aus diesen in Ursprung und Eigenart sehr verschiedenen Erscheinungen wächst das Zeitalter der Renaissance herauf, das einen Umbruch des gesamten geistigen und kulturellen Lebens bedeutet. Das mittelalterliche Weltbild bricht endgültig zusammen, und mit revolutionärer Gewalt kommt Neues zum Durchbruch, ohne jedoch schon klare Gestalt zu gewinnen. Diese Zeit, vor allem die des 16. und 17. Jahrhunderts, ist – negativ – durch ihre scharfe Abhebung vom Mittelalter bestimmt. Man verachtet die gesamte materielle und geistige Kultur des Mittelalters, auch seine Wissenschaft, Philosophie und Religion. Man will alle Bindungen an die Vergangenheit abwerfen und sich einer neuen Zeit öffnen. Mit der Abkehr vom Alten verbindet sich – positiv – eine leidenschaftliche Hinwendung zum Neuen. Tatsächlich eröffnen sich in jener Zeit völlig neue Dimensionen von ungeahntem Ausmaß. Durch die Entdeckungen weitet sich das geographische Weltbild, und damit werden auch neue politische und wirtschaftliche Möglichkeiten sichtbar. Durch die wissenschaftlichen Erfindungen, überhaupt durch den Einsatz der experimentellen und mathematischen Methode in der Naturwissenschaft wird nicht nur der Grund gelegt für die wissenschaftliche und technische Entwicklung der Neuzeit, es kommt auch zu einem grundsätzlichen Wandel des gesamten astronomischen Weltbildes in der »kopernikanischen Wende«. Aus der bisherigen Geborgenheit in seiner überschaubaren Welt, deren Mitte unsere Erde war, fühlt sich der Mensch jetzt gleichsam hinausgeschleudert in ein unermeßliches Universum, in dem er seinen sicheren Standort und seine Orientierung verliert. Einerseits erfaßt ihn der Gedanke von der Unendlichkeit, ja der Göttlichkeit dieser Welt wie ein Rausch. Andererseits sucht der Mensch, der seinen eindeutigen Standort im Universum ebenso verloren hat wie seine bisher selbstverständliche Geborgenheit im gemeinsamen Glauben der Kirche, jetzt allein in sich selbst, in der Selbstgewißheit des denkenden Subjekts, einen festen Boden und sicheren Ausgangspunkt philosophischer Erkenntnis zu gewinnen. So bereiten sich schon die Ansätze der neueren Philosophie vor.

Aber es braucht noch lange, bis diese Gedanken sich philosophisch klar formulieren. Die Renaissance ist eine Zeit der Gärung und des Suchens. Bisherige Bande werden abgeworfen und neue Kräfte frei. Es ist eine Zeit erobernder Kühnheit, überschäumenden Lebensgefühls, voranstürmenden Selbstvertrauens, das kaum eine Grenze kennt. Es ist eine Zeit der Unbeständigkeit aller Lehren und Lebensformen, größter Gegensätze zwischen Eroberern, Schwärmern und Heiligen, von Forschung, die das wissenschaftlich-technische Zeitalter begründet, daneben aber auch von kühner, oft phantastisch-mystischer Spekulation und ebenso von aszetisch-missionarischem Heldentum, in dem der Tatendrang der Epoche sich im Religiösen auswirkt. Aus der vielgestaltigen Fülle des Geisteslebens der Renaissance wollen wir einzelne Bereiche kurz kennzeichnen, die für die Folgezeit philosophisch bedeutsam wurden.

### 1.21 Erneuerung der Antike

Der Humanismus, schon im 14. Jahrhundert durch *Petrarca* (1304–1374) und seinen Freund *Boccaccio* (1313–1365) begründet, erweckt das klassische Altertum zu neuem Leben. Man entdeckt von neuem den Wert und die Schönheit der griechisch-römischen Kunst, Literatur, Philosophie und Religion, worin man den reinen Ausdruck edlen Menschentums erblickt und woraus man eine geistig-kulturelle Erneuerung der eigenen Zeit zu gewinnen hofft.
Dies entspricht einem alten Grundzug abendländischer Geistesgeschichte. In jeder Zeit der Krise, des geistigen und kulturellen Umbruchs, in der Bisheriges fragwürdig geworden ist und neue Wege gesucht werden, geschieht ein Rückgang zu den Ursprüngen in der klassischen Antike, die man neu zu beleben und für die eigene Zeit fruchtbar zu machen sucht. So kann man schon von einem Humanismus der ersten christlichen Jahrhunderte sprechen, in denen die Kirchenväter das geistige Erbgut der griechischen Philosophie aufnehmen, um mit seiner Hilfe ein christliches philosophisch-theologisches Welt- und Menschenbild zu erstellen. Eine ähnlich humanistische Bewegung vollzieht sich zu Beginn der christlich-abendländischen Welt des Mittelalters in der »karolingischen Renaissance«. Und das ganze Mittelalter bleibt in seiner Synthese von Antike und Christentum sich immer der geschichtlichen Ursprünge bewußt. Es war in diesem Sinne traditionsgebunden und wußte um die geistige und kulturelle Überlegenheit des Altertums, wenn man seine Leistungen auch christlich zu assimilieren, also aus der Verständniswelt des Glaubens zu interpretieren suchte. Nur aus dieser Rückbindung in die Antike ist die geistige Revolution zu erklären, die mit dem Bekanntwerden der Werke des Aristoteles um 1200 einsetzt und zu einer Neuorientierung im philosophisch-theologischen Denken führt.
 Aber diese Humanismen erreichen nie dieselbe Intensität, führen

nie zu einem so tiefen und umfassenden Wandel des ganzen Lebensgefühls und Weltverständnisses wie in derjenigen Bewegung, die im historisch strengen Sinn als »Humanismus« bezeichnet wird, nämlich die Wiedererweckung der Antike im Übergang vom Mittelalter zur Neuzeit. Seine geschichtlichen Wurzeln gehen in das 14. Jahrhundert zurück; er gewinnt neue Impulse sowohl durch den Kontakt zwischen der Kirche des Westens und des Ostens auf dem Unionskonzil von Ferrara und Florenz (1438) als auch durch den Fall von Byzanz (1453), in dessen Gefolge viele griechische Gelehrte nach dem Westen, vor allem nach Italien ziehen und nicht nur ihre Kenntnisse, sondern auch kostbare alte Texte mitbringen.

Unter ihnen ragt besonders hervor der schon seit dem Konzil von Ferrara in Italien lebende *Georgios Gemistos Plethon* (1389–1464), der an der Akademie der Medici in Florenz in die platonische und neuplatonische Philosophie einführte, deren bedeutendster Erneuerer er wurde. Daneben steht *Basilius Bessarion* (1403–1472), der zur lateinischen Kirche übertritt, als Kardinal in Rom lebt und dort – wie Plethon in Florenz – für die Erneuerung eines christlichen Platonismus wirkt. Auf Anregung Plethons geht *Marsiglio Ficino* (1433–1499) daran, die Werke Platons und Plotins, aber auch Schriften des Porphyrios und anderer Neuplatoniker ins Lateinische zu übersetzen. Überdies gab er eine »Theologia platonica« (1474) heraus, die Lorenzo di Medici gewidmet ist. Demselben Florentiner Kreis gehört *Giovanni Pico della Mirandola* (1463–1494) an, dem es nicht nur um eine Versöhnung der platonischen mit der aristotelischen Philosophie geht, wie sein unvollendetes Werk »De concordia Platonis et Aristotelis« erweist, sondern um eine griechisch-christliche philosophische Weltreligion auf vorwiegend platonischer Grundlage. Hier klingt schon der Gedanke einer reinen Vernunftreligion an, der später in der Aufklärung des 18. Jahrhunderts stärker hervortreten wird.

Der erste Deutsche, der mit dem Geist des italienischen Humanismus vertraut wird und ihn in seine Heimat bringt, ist der Kardinal *Nikolaus von Kues* (*Cusanus,* 1401–1464), der neben einer vielseitigen kirchenpolitischen Tätigkeit im Dienste der Unionsbestrebungen und der innerkirchlichen Reform in zahlreichen Schriften ein tiefsinniges, spekulatives philosophisch-theologisches System entwickelt, das vor allem der neuplatonischen

Tradition mystischen Denkens verpflichtet ist. Gott ist die *»coincidentia oppositorum«*, die ursprüngliche *»complicatio«* alles Seins, das in der Welt endlicher Dinge ihre *»explicatio«* erfährt. Das Sein, in Gott »absolut« bestehend, wird in der Endlichkeit »kontrahiert«. Es sind hier Ansätze, die in die Zukunft weisen. Besonders der Gedanke von der Einheit der Gegensätze wird über *Giordano Bruno* und *Jakob Böhme* in den deutschen Idealismus einwirken und vor allem von *Hegel* spekulativ weitergeführt werden. Später ist es vor allem *Johannes Reuchlin* (1455–1522), der das platonisch-humanistische Gedankengut nach Deutschland bringt, aber noch stärker, als es bei den italienischen Humanisten geschah, mit mystisch-kabbalistischen Ideen verbindet.

Diese Erscheinungen des Humanismus zeigen immer wieder eine Erneuerung platonischen und neuplatonischen Denkens, das sich mehr oder weniger scharf gegen Aristoteles, jedenfalls aber gegen die aristotelische Scholastik wendet. Daneben kommt es jedoch auch zu einer Wiederbelebung des aristotelischen Denkens, besonders durch *Pietro Pomponazzi* (1462–1524), der gegenüber der spätscholastischen Interpretation seiner Zeit den echten Aristoteles neu zur Geltung bringen will und dabei an die Interpretation durch Alexander von Aphrodisias und Averroes anknüpft, die Unsterblichkeit der Seele leugnet und überdies – im Raume des Humanismus erstaunlich – die Lehre von der doppelten Wahrheit vertritt, für die schon die Averroisten des 13. und 14. Jahrhunderts eingetreten waren. In Deutschland wiederum wird der humanistisch gebildete *Philipp Melanchthon* (1497–1565) derjenige, der die aristotelische Philosophie in die protestantische Theologie einführt und so zum Begründer einer protestantischen Scholastik wird.

Es ist bezeichnend für die Vielgestaltigkeit und Gegensätzlichkeit jener Zeit, daß es daneben nicht nur schärfste Anti-Aristoteliker gibt wie etwa *Pierre de la Ramée* (*Petrus Ramus*, 1515–1572), der alles, was Aristoteles gesagt hat, für erlogen erklärt und den philosophischen Einfluß des Aristoteles heftig bekämpft, sondern daß auch viele andere Lehren und Schulrichtungen der Antike eine Wiederbelebung erfahren. *Lorenzo Valla* (1407–1457) entwickelt eine epikureische Ethik, die er jedoch mit dem christlichen Glauben zu verbinden weiß. *Justus Lipsius* (1547–1606) ist Stoiker, der unter anderem eine *»Einführung in*

*die stoische Philosophie«* schreibt. *Pierre Gassendi* (1592–1655) greift zur philosophischen Begründung der neuen Naturwissenschaft auf den Atomismus Demokrits zurück.
Dem Kreis der Florentiner Humanisten gehört auch *Nicolo Machiavelli* an (1469–1527), dessen Staats- und Gesellschaftslehre völlig neue Wege geht. Frei von den religiösen und sittlichen Idealen, erst recht von der christlichen Bindung der frühen Humanisten ist er erklärter Heide und skrupellos pragmatischer Politiker. Theoretisch sieht er zwar das Ideal in einer Republik. Aber die Menschen, wie sie wirklich sind, mit ihren Trieben und Leidenschaften, erfordern nach ihm einen starken Herrscherwillen, der den Staat zusammenhält und gleich einem mechanischen Geschehen zu handhaben versteht. So gibt er in dem berühmten Werk »Il principe« (1513, Lorenzo di Medici gewidmet) dem absolutistischen Herrscher der Renaissance die rechts- und staatsphilosophischen Grundlagen. Er hat damit ungeheuren Einfluß gewonnen. Die neue Sicht und Bewertung des Menschen, seine Individualität und unbegrenzte Autonomie wird hier zum erstenmal ausgesprochen und das praktisch-politische Handeln von daher bestimmt. Diese Idee, zuerst wirksam geworden in der absolutistischen Staatsform, wird aber in deren Gegenteil umschlagen, sobald sie in breitere Kreise dringt und die Staatsbürger dieselbe Autonomie beanspruchen, die bisher dem Fürsten zukam, wie es in der Französischen Revolution geschah. So gehen Machiavellis Gedanken mitbestimmend in die politische Entwicklung der Neuzeit ein.

### 1.22 Neue Naturwissenschaft

Nicht minder bedeutsam als die Erneuerung der Antike wird der Einsatz moderner Naturwissenschaft. Ihre Ursprünge liegen geistesgeschichtlich weit zurück. Schon die Wende des Hochmittelalters vom platonisch-augustinischen zum aristotelischen Denken hat eine stärkere Betonung des empirischen Elements gebracht. Dadurch kam es schon damals zu einzelnen, wenn auch sehr vereinzelt bleibenden Vorstößen naturwissenschaftlicher Forschung etwa bei *Albertus Magnus* und noch mehr bei *Roger Bacon* im 13. Jahrhundert. Eine noch schärfere Akzentuierung des empirisch-naturalistischen Elements bringt der arabische 

Averroismus. Dies wird nochmals verstärkt durch den Nominalismus der Spätscholastik. Je mehr die metaphysische Transzendenz aus dem Blickfeld schwindet, um so mehr wendet sich die wissenschaftliche Forschung der Immanenz zu und sucht die natürliche Erfahrungswelt zu ergründen. Besonders stark war der Nominalismus in England. Aber auch an der Pariser Universität setzt sich der empirische Zug immer mehr durch.

Obwohl also der Anstoß zu naturwissenschaftlicher Forschung aus dem Raum des scholastischen Denkens stammt, kommt es zum immer schärferen Bruch zwischen Vertretern der Scholastik und des neuen naturwissenschaftlichen Denkens. Auf der einen Seite halten die Scholastiker vielfach allzu starr an der aristotelischen Naturauffassung fest, ohne sich neuen wissenschaftlichen Erkenntnissen zu öffnen. Auf der anderen Seite werfen die Naturforscher mit dem wirklich Veralteten und Überholten auch alles übrige ab. So wird langsam die unheilvolle Kluft immer tiefer, die sich zwischen der naturwissenschaftlichen Erkenntnis und der scholastischen Philosophie, im Gefolge noch weiter zwischen dem Geist der Neuzeit und dem überkommenen christlichen Denken auftut. Dieser Gegensatz besteht aber noch durchaus nicht bei jenen, die das naturwissenschaftliche Denken der Neuzeit begründet haben.

Die induktive Forschungsmethode verdankt ihre erste Ausbildung und Anwendung dem genialen *Leonardo da Vinci* (1452–1519). Er erkennt schon die Bedeutung der Mathematik und des Experiments für die naturwissenschaftliche Forschung und legt die Grundlagen der Mechanik und anderer Bereiche der klassischen Physik. An den Namen des *Nikolaus Kopernikus* (Domherr in Frauenburg, 1473–1543) knüpft sich der Umbruch des astronomischen Weltbildes. Seine Erkenntnis, daß die Erde nicht den Mittelpunkt des Universums bildet, sondern daß sie als einer der Planeten die Sonne umkreist, legt er in seinem Werk »De revolutionibus orbium coelestium« (1543 veröffentlicht) dar, einem in der Geschichte der Astronomie bahnbrechenden Werk, das der Verfasser aber nur auf Drängen seiner Freunde schrieb und Papst Pius III. widmete. Er entwickelt darin seine Lehre auf sachlich nüchterne Art, sogar als bloße »astronomische Hypothese«, während sie bald von anderen polemisch gegen die christliche Lehre im Sinne der Unendlichkeit und Göttlichkeit des Universums ausgelegt wurde.

Die Erkenntnisse des Kopernikus baut *Johannes Kepler* (1571–1630) weiter aus. Er berechnet die Planetenbahnen und wirkt bahnbrechend in der Optik, der Akustik und auf anderen physikalisch-astronomischen Gebieten. Damit bringt er die mathematische Methode in der Naturwissenschaft zum entscheidenden Durchbruch: *»Ubi materia ibi geometria«*. Doch vertritt er nicht eine rein mechanistische Auffassung des Naturgeschehens, wie sie später vom Rationalismus und Positivismus entwickelt wird.

Nicht minder bedeutend ist *Galileo Galilei* (1564–1642), der das Trägheitsgesetz und die Fallgesetze entdeckt und damit die Grundlagen der modernen Mechanik schafft. Auch arbeitet er weiter die mathematisch-naturwissenschaftliche Methode der Naturbeobachtung, der Hypothesenbildung, ihrer Verifikation im Experiment und der induktiven Generalisierung in einem mathematisch formulierbaren Gesetz aus. Dabei vollzieht sich ein grundsätzlicher Wandel des Denkens vom deduktiven zum induktiven Verfahren, von der qualitativen Wesensform der Dinge zu ihrer rein quantitativen Bestimmung, von einem teleologischen Weltbild zur Erforschung des mechanisch-kausalen Geschehens. Daß dies – überdies in Verbindung mit dem grundsätzlichen Umbruch des astronomischen Weltbildes durch die »kopernikanische Wende« – zum Konflikt mit traditionellen Auffassungen, die sich auf die aristotelische Naturphilosophie berufen, und zur Verurteilung durch das Sacrum Officium in Rom (1633) führt, ist ein traurig berühmtes Beispiel für die verhängnisvolle Kluft, die sich zwischen der modernen Naturwissenschaft und der allzu engen, dogmatisch traditionsgebundenen Lehre auftut. Es braucht lange, bis man einsehen lernte, daß hier kein echter Widerspruch vorliegt und daß der Glaube weder wissenschaftliche Fragen zu entscheiden hat noch identisch ist mit überlieferten Denkweisen, in denen er sich auszulegen gewohnt war.

Man muß die Tragweite des geistigen Umbruchs bedenken, der die gesamte Weltauffassung betrifft. Die mathematische und experimentelle Methode der Naturwissenschaft gab nicht nur die Bahn frei für eine exakte Erfassung physikalischer Vorgänge. Sie gab auch die Möglichkeit, das gesamte Universum völlig neu zu begreifen. Bisher wurden nach aristotelischer Lehre die Himmelskörper als eine von dieser Erde verschiedene, wesentlich höhere Wirklichkeit betrachtet. Während die Erde aus den vier

Elementen – Erde, Wasser, Luft und Feuer – bestand, waren die Sterne aus himmlischer Materie, der »quinta essentia« (Quintessenz), gebildet und in festen Himmelssphären geordnet, die unsere Erde umwölbten. Jetzt wird dagegen erkannt, daß auch die Himmelskörper denselben Gesetzen unterliegen wie die Erde, daß diese nur einer der zahllosen Körper inmitten eines unermeßlichen, jedoch in mathematisch-physikalischen Gesetzen faßbaren Universums ist. Diese bahnbrechende Erkenntnis wurde möglich durch mathematisch-quantitatives Denken gegenüber der metaphysisch-qualitativen Betrachtung der Wirklichkeit im Sinne der aristotelischen Wesensformen, durch eine Beschränkung auf die rein mechanisch-kausale Gesetzlichkeit gegenüber einem finalen Verständnis des Weltgeschehens und durch empirisch-induktive Forschung gegenüber rational-deduktivem Denken. Diese grundsätzliche Wende wissenschaftlicher Forschung führt zu einer völligen Neuorientierung. Sie fordert eine geistige Bewältigung, die zu leisten das Anliegen sowohl des Rationalismus als auch des Empirismus sein wird. So wirkt der Einsatz moderner Naturwissenschaft tiefgreifend in das philosophische Denken der Neuzeit ein.

### 1.23 Naturphilosophie und Theosophie

Mit dem Einsatz moderner Naturwissenschaft eng verwandt ist die Naturphilosophie der Renaissance, insofern auch sie demselben Impuls der »Wende zur Welt« entspringt und aus der neuen Wissenschaft, besonders der »kopernikanischen Wende«, entscheidende Anregungen empfängt. Andererseits steht sie im Gegensatz zur exakten Naturwissenschaft, insofern sich hier ein zum Teil poetisch-mystisches Denken entfaltet, das mit strenger Wissenschaft wenig zu tun hat. Doch zeigt die neue Naturphilosophie in ihrer italienischen und ihrer deutschen Gestalt sehr verschiedene Züge.

Die *italienische Naturphilosophie* der Renaissance ist entscheidend geprägt durch die Synthese von Humanismus und neuer Naturwissenschaft. Sie wird vertreten durch *Hieronymus Cardanus* (1501–1571), *Bernardinus Telesius* (1508–1588) und *Franciscus Patritius* (1529–1597), bei denen die neuplatonische Tradition wieder auflebt, die Welt als belebter und beseelter

Organismus aufgefaßt wird und so im Gefolge der Entdeckung des Kopernikus als unendliches und ewiges, ja göttliches Universum erscheint.

Der Panpsychismus weitet sich zum Pantheismus der Weltbetrachtung, der bei *Giordano Bruno* (1548–1600), dem bedeutendsten unter den italienischen Naturphilosophen, noch ausdrücklicher wird. Er war zuerst Dominikaner in Neapel, entflieht dann dem Orden und führt, der Häresie verdächtig, ein unstetes Wanderleben in Italien, Frankreich, England und Deutschland. Nach Italien zurückgekehrt, wird er 1592 in Venedig von der Inquisition verhaftet und nach jahrelanger Kerkerhaft 1600 auf dem Campo Fiore in Rom (wo seit 1889 sein Denkmal steht) als Ketzer auf dem Scheiterhaufen verbrannt. Er hatte aus seiner Studienzeit im Dominikanerorden eine gute Kenntnis der thomistischen, aber auch der neuplatonischen Philosophie, so des Scotus Eriugena; er kennt auch die arabischen Aristoteleskommentatoren Avicenna und Averroes, ebenso die neueren Denker, unter deren Einfluß er steht, Nikolaus Cusanus, Paracelsus, Telesius und Patritius.

Auch er zieht aus der kopernikanischen Weltansicht mit vielen seiner Zeitgenossen die Folgerung der Unendlichkeit und Göttlichkeit des Kosmos, ein Gedanke, von dem er wie berauscht ist und den er nicht nur philosophisch, sondern ebenso poetisch mit kühner Phantasie, die sich in seine Spekulationen mischt, zu entwickeln sucht. Das Weltall ist im Sinne neuplatonischer Emanation notwendige Selbstentfaltung und Selbstoffenbarung Gottes. Es ist Gott selbst, der sich in der Unendlichkeit der Welt darstellt und dessen unendliche Kraft das Werden der Natur, die Entwicklung des Lebens und die Bewegung der Himmelskörper im unendlichen Raum hervorbingt. Dieser Pantheismus ist panpsychistisch und panmaterialistisch zugleich, insofern einerseits das Weltall als einziger göttlich belebter Organismus vorgestellt wird – der alte platonisch-stoische Gedanke von der Weltseele lebt hier wieder auf –, andererseits aber nichts rein Geistiges besteht, das die materielle Welt übersteigt, sondern das Geistige an das Materielle gebunden bleibt, Geist und Materie also eine organische Einheit im göttlichen Universum bilden. Der Einfluß Brunos wirkt auf jede spätere Form pantheistischen Denkens, so schon auf *Spinoza*, besonders aber auf *Schelling*, der 1801 den Dialog »Bruno« schreibt, und über ihn auf *Hegel*.

Hierher gehört, wenig später, auch *Thomas Campanella* (1568–1639), der Bruno geistig verwandt ist, aber dessen Pantheismus nicht teilt, sondern im Raum des christlichen Weltbildes verbleibt. Als Dominikaner kommt er vom Thomismus her, den er jedoch mit neuplatonischen Elementen verbindet. Auch er vertritt einen gewissen Panpsychismus. Erkenntnistheoretisch wird er insofern ein Vorläufer des Descartes, als er im ausdrücklichen Anschluß an Augustinus den Ansatzpunkt philosophischer Erkenntnis in der Selbstgewißheit des Bewußtseins findet, die auch im Zweifel erhalten ist und nicht mehr bezweifelt werden kann. In seinem Werk »Der Sonnenstaat« (1602) entwirft er in Anlehnung an Platons »Politeia« einen theokratisch-kommunistischen Idealstaat.

Unabhängig und sehr verschieden davon stellt sich die *deutsche Naturphilosophie* jener Zeit dar. Hier kommt ein schwärmerisches, mystisch-theosophisches Denken auf, das sich mit Naturforschung, aber auch mit Okkultismus, Alchimie und Astrologie verbindet und in seinen Grundlagen teils von der neu erwachten Mystik des Neuplatonismus, teils auch von der Kabbala, der jüdischen Mystik und Theosophie des Mittelalters, beeinflußt ist. Hierher gehört, um nur die wichtigsten Namen anzuführen, *Agrippa von Nettesheim* (1486–1535), der mit echter Gelehrsamkeit dunkle Künste verbindet. Er ist Alchimist und Schwarzkünstler, vertritt eine kabbalistische Mystik und schreibt unter anderen ein Werk mit dem bezeichnenden Titel »De occulta philosophia« (1509). Hierher gehört auch der berühmte Theophrastus Bombastus von Hohenheim, genannt *Paracelsus* (1493–1541). Er war Arzt, und die Medizin steht im Vordergrund seines Forschens. Doch verbindet er damit Alchimie und Astrologie sowie eine mystisch-religiöse Philosophie, die stark vom Neuplatonismus herkommt. Für ihn findet der Makrokosmos, das Weltall, seine völlige Entsprechung im Mikrokosmos, dem Menschen; daher erschließt die Erforschung des Menschen und seiner Kräfte die Erkenntnis der Gesamtwirklichkeit. In diesem Sinne ist für ihn Medizin die grundlegende Wissenschaft, die den Mikrokosmos zu ergründen hat. Erst in neuerer Zeit ist die Bedeutung des Paracelsus für die Entwicklung der Medizin erkannt und erforscht worden. Aber auch auf die Philosophie und Naturwissenschaft gehen zu seiner Zeit bedeutende Anregungen von ihm aus.

Weiter gehören hierher vor allem die sogenannten Schwarmgeister des 16. Jahrhunderts, deren Theosophie eine gewisse Radikalisierung religiöser Anliegen der Reformation darstellt, dadurch aber im Gegensatz steht zur protestantischen Kirche und ihrer – seit Melanchthon wieder scholastischen – Theologie. Wegbereiter solchen Geistes sind *Sebastian Franck* (1499–1542) und *Valentin Weigel* (1533–1588). Gemeinsam ist ihnen die Ablehnung aller äußeren Formen des Religiösen. Nicht nur die sichtbare Institution der Kirche, sondern auch bindende Gebote werden verworfen, weil sie der christlichen »Freiheit« im Sinne Luthers widersprechen. Es komme allein auf die innere Erkenntnis und Erleuchtung durch Gott an, die den Auserwählten zuteil wird. Manche der Lehren Weigels erinnern an Cusanus, so etwa die »complicatio« alles Seins in Gott und ihre »explicatio« in den Dingen dieser Welt. Auch er knüpft an die neuplatonische Tradition der deutschen Mystik von Ekkehart bis Tauler an und entwickelt eine mystische Philosophie und Theologie, die im protestantischen Raum weite Verbreitung findet.

Der bedeutendste unter den deutschen Theosophen ist jedoch *Jakob Böhme* (1575–1624), der als Schuster in Görlitz (Oberschlesien) lebt und eine tiefsinnige und eigenwillige spekulativmystische Lehre entwickelt, dargelegt in der »Morgenröte im Anfang« (auch »Aurora« genannt, 1612) und zahlreichen weiteren, zumeist erst nach seinem Tode veröffentlichten Schriften. Sie haben ihm den Titel des »Philosophus Teutonicus« eingebracht. In gewisser Abhängigkeit von der mystischen Tradition, von Paracelsus und Weigel, vertritt er eine Emanationslehre, die Lehre von der Zweiheit eines hellen (guten) und eines dunklen (bösen) Prinzips, die in Gott selbst begründet sind und erst in der geschaffenen Welt auseinandertreten und in Widerstreit geraten. Böhme gewann weitreichenden Einfluß, besonders im späteren Pietismus. Philosophisch wurde er vor allem durch *Franz von Baader*, der Böhme wiederentdeckte, sowie in *Schellings* theosophischer Periode wirksam, welche durch die »Philosophie der Weltalter« gekennzeichnet ist und viele Anregungen Böhmes aufnimmt.

## 1.24 Erneuerung der Scholastik

Im Zeitalter der Renaissance kommt es auch zu einer Erneuerung der scholastischen Philosophie. Nachdem sie im 14. und 15. Jahrhundert abgesunken war und vielfach als ungenügend empfunden und bekämpft wurde, setzt in der Wende vom 15. zum 16. Jahrhundert eine Erneuerungsbewegung ein, die für die Philosophie der Neuzeit bedeutsam wurde.

Diese Erneuerung geht von Italien, besonders aber von Spanien aus. Dies ist kein Zufall. Im Mittelalter war Spanien geistig, kulturell und politisch nie führend gewesen. Seine Kräfte waren zu sehr gebunden durch den Abwehrkampf gegen die Mauren. Nach der Befreiung erlebt Spanien jedoch einen raschen Aufstieg. Es wird zur Großmacht und im Gefolge der Entdeckungen zu einer Weltmacht. Zugleich erfährt es keine geistigen Erschütterungen wie Italien durch Humanismus und Renaissance oder die Länder Mitteleuropas durch die Reformation. Es erlebt überhaupt keinen gewaltsamen Bruch mit der Tradition, sondern das aus dem Mittelalter stammende Denken der Scholastik gelangt hier erst jetzt zu seiner vollen Reife.

Träger der scholastischen Erneuerung sind vor allem die Dominikaner. Einen ersten Anfang haben schon zwei italienische Dominikaner um 1500 gemacht, beide bedeutende Kommentatoren der Werke des Thomas von Aquin. *Silvester Ferrariensis* (aus Ferrara, 1474–1528) verfaßte vor allem einen Kommentar zur »Summa contra gentiles« und *Thomas de Vio Caietanus* (aus Gaeta, 1469–1534) einen Kommentar zum »Summa theologica« des Thomas. Beide gehören zu den besten, für den Thomismus der folgenden Jahrhunderte grundlegend gewordenen Kommentaren. Überdies wurde die Schrift des Caietanus »De nominum analogia« deshalb bekannt und geschätzt, weil sie zum erstenmal, spekulativ über Thomas hinausgehend, das Problem der Analogie systematisch behandelt und die spezifische Form der Analogielehre in der thomistischen Schule – nämlich als »analogia proportionalitatis« – grundlegt.

Auch in Spanien sind es zunächst die Dominikaner, die das scholastische Denken pflegen und erneuern. *Franz von Vitoria* (1480–1566) ist ein selbständiger Denker, der besonders auf dem Gebiet der Rechtsphilosophie arbeitet und für die Ausbildung des Völkerrechts bedeutsam wird. Sein Schüler *Melchior*

*Cano* (1509–1560) ist mehr von theologischer als philosophischer Bedeutung; wichtig für die methodische Grundlegung der Theologie wurde sein Werk »De locis theologicis«. Ebenfalls Schüler Vitorias ist *Dominikus Soto* (1494–1560), auch ein vorwiegend theologischer Denker.

Von *Dominikus Bañez* (1528–1604) stammt die Ausarbeitung der Lehre von der »praemotio physica«, mit welcher er im Gnadenstreit zwischen Dominikanern und Jesuiten den Standpunkt der thomistischen Dominikanerschule (von ihren Gegnern als »Bañezianismus« bezeichnet) formuliert und zum Wortführer gegen Molina, den Hauptvertreter der Jesuitenschule (Molinismus), wurde.

*Johannes a Sancto Thoma* (1589–1644) ist der letzte unter den großen Kommentatoren der Werke des Thomas von Aquin. Von ihm stammt zu einem guten Teil die schulmäßige Festlegung des thomistischen Lehrsystems, wie es in der Folgezeit tradiert wurde. Doch ist sein Denken in der Nachfolge des großen Meisters noch nicht begrifflich erstarrte Schulphilosophie, wie es der strenge »Thomismus« der Folgezeit vielfach wurde.

Inzwischen war die Gesellschaft Jesu gegründet worden. Die Jesuiten standen sehr bald an der vordersten Front der katholischen Erneuerungsbewegung, auch in wissenschaftlicher, philosophischer und theologischer Hinsicht. Hier treten zunächst zwei Zentren ihrer Arbeit hervor: Coimbra in Portugal und Rom. Zur Schule von Coimbra gehört *Petrus Fonseca* (1548–1597), der den großen »Cursus Coimbricensium« redigiert und darüber hinaus besonders durch seinen Kommentar der Metaphysik des Aristoteles (1577) auf einen neuen Aristotelismus seiner Zeit maßgeblichen Einfluß gewinnt. *Luis Molina* (1536–1600) wird besonders durch sein Werk »De concordantia liberi arbitri cum gratiae donis« im Gnadenstreit zum Haupt der Jesuitenschule gegenüber dem strengen Thomismus (Bañezianismus), dessen »praedeterminatio physica« den freien Willen des Menschen aufzuheben schien. Dagegen betont Molina, dessen Lehre als »Molinismus« in die folgenden Jahrhunderte nachwirkt, die echte Freiheit des menschlichen Willens. Das Problem des Vorauswissens Gottes um die freie Entscheidung des Menschen sucht er durch die Lehre von der »scientia media« zu erklären – so genannt, weil dieses Wissen gleichsam in der Mitte steht zwischen dem Wissen um die notwendige Ordnung des Möglichen und dem Wissen um die faktische Wirklichkeit. Hier handelt es sich um ein sicheres Wissen darum, wie sich der Mensch in Freiheit unter bestimmten Umständen entscheiden wird oder entscheiden würde; nur durch ein solches Wissen schien die göttliche Vorsehung, Gnadenführung und Weltregierung möglich.

Bei weitem der bedeutendste unter den Philosophen aus dem Jesuitenorden ist jedoch *Franz Suarez* (1548–1617), »doctor eximius« genannt. Er hat ein umfangreiches Werk geschaffen, das in der Gesamtausgabe 26 Quartbände umfaßt. Philosophisch am wichtigsten sind die zwei großen Bände der »Disputationes metaphysicae« (1597). In äußerst sorgfältiger, subtil spekulativer Weise, zugleich in ständigem Rückbezug auf alle früheren, vor allem die scholastischen Autoren, wird darin die gesamte Metaphysik entwickelt. Es mag erstaunlich scheinen, daß darin zum erstenmal eine systematische Darstellung der scholastischen Metaphysik vorliegt. Doch bisher hatte man, auch in der Hochscholastik, metaphysische Probleme entweder im Zusammenhang theologischer Fragestellungen behandelt oder in Form von Kommentaren, besonders zur Metaphysik des Aristoteles; dazu kamen noch Einzelabhandlungen (Opuscula) und Disputationen von Einzelproblemen (Quaestiones disputatae). Suarez unternimmt als erster eine systematische Gesamtdarstellung der Metaphysik, die sich von den bisherigen Formen löst, jedoch auf die Thematik und Systematik der Metaphysik in der Folgezeit richtungweisenden Einfluß gewinnt.

Dabei greift Suarez auf den klassischen Metaphysikbegriff von Aristoteles und Thomas zurück, wonach Metaphysik Seinslehre (Ontologie) und philosophische Gotteslehre (natürliche Theologie) in einem ist, weil die Ergründung des Seienden nur im Ausgriff auf den absoluten Seinsgrund möglich ist, Gott aber philosophisch nur als Seinsgrund des endlichen Seienden erreicht werden kann. Erst in der Neuzeit wird diese Einheit gesprengt; dies findet seinen systematischen Niederschlag in der Unterscheidung Christian Wolffs zwischen einer allgemeinen Metaphysik, auch Ontologie genannt, und einer besonderen Metaphysik, worin auch die Gotteslehre ihren Platz hat.

Inhaltlich folgt Suarez weitgehend der aristotelisch-thomistischen Tradition, die er jedoch auf durchaus eigenständige Weise spekulativ verarbeitet. Es mag fragwürdig sein, ob die Bestreitung der thomistischen Realdistinktion zwischen Sein (esse) und

Wesen (essentia) durch Suarez, der nur eine begriffliche Unterscheidung annimmt, für ihn das Gewicht hatte, das ihr später die jahrhundertelangen Diskussionen gaben. Sicher aber verlagert sich die Sicht vom »esse commune« bei Thomas jetzt mehr auf das soseinshaft betrachtete, konkrete und individuelle Seiende, somit vom wirklichen Sein auf das mögliche Wesen und gibt so den Ansatz zu einer Entwicklung, die das neuzeitliche Denken weithin bestimmen wird.

Mit diesem Werk – ebenso mit dem grundlegenden rechts- und staatsphilosophischen Werk »De legibus« (1612) – hatte Suarez einen äußerst weitreichenden Einfluß. Er wurde zum wichtigsten Vermittler zwischen der scholastischen Philosophie des Mittelalters und dem Denken der Neuzeit. Bald wurde überall – nicht nur im katholischen, sondern auch im protestantischen Raum, in Deutschland, England und anderen Ländern – an den Hochschulen die Philosophie nach Suarez unterrichtet. Allein in Deutschland wurden die »Disputationes metaphysicae« im Zeitraum von 1600–1630 fünfmal neu aufgelegt. *Descartes* und *Spinoza* kannten Suarez. Noch *Leibniz* studierte an der Universität Leipzig suarezianische Scholastik. Sie wurde zur allgemein verbreiteten Schulphilosophie, die erst im 18. Jahrhundert durch den Schulrationalismus *Christian Wolffs* verdrängt wurde, der jedoch selbst inhaltlich viel von Suarez, somit aus der scholastischen Tradition übernimmt. Der niederländische Rechts- und Staatsphilosoph *Hugo Grotius* (1583–1655), selbst von Suarez maßgeblich beeinflußt, bezeichnet ihn als »tantae subtilitatis theologus et philosophus ut vix quemquem habeat parum«. Und noch im 19. Jahrhundert urteilt Schopenhauer über die »Disputationes metaphysicae«, sie seien »das echte Compendium der ganzen scholastischen Weisheit« gegenüber dem »breiten Geträtsche geistloser deutscher Philosophieprofessoren«.

Neben Spanien wird bald das »Römische Kolleg«, Vorläufer der späteren »Universitas Gregoriana« in Rom, zu einem geistigen Zentrum der Jesuiten. Schon Suarez lehrt gegen Ende seines Lebens in Rom. Hier lehren auch *Franz Toletus* (1532–1596), *Gabriel Vasquez* (1551–1604) und *Silvester Maurus* (1619–1687), dessen Aristoteleskommentar noch heute wertvoll ist.

So bildet die Neuscholastik des 16. und 17. Jahrhunderts den Hintergrund der neueren Philosophie in zweifachem Sinn. Einerseits vermittelt sie der Neuzeit eine Fülle tiefer und wertvoller Erkenntnisse der Vergangenheit, bildet also die Brücke und gewährleistet die Kontinuität der Geschichte des Denkens. Andererseits aber wird sie zum Hintergrund, von dem das neuere Denken sich bewußt abhebt und mit dem es sich kritisch auseinandersetzt, wenn es neue Wege in die Zukunft sucht.

# 2 Rationalismus

Als »Vater der neueren Philosophie« gilt *René Descartes* – mit Recht, weil von ihm die spezifisch neuzeitliche Philosophie ihren Ausgang nimmt. Das Neue, das hier aufbricht, liegt in dem Bestreben, Philosophie als strenge Wissenschaft zu begründen. Die Naturwissenschaften, vor allem Physik und Astronomie, hatten in jener Zeit – durch Kopernikus, Kepler und Galilei – einen ungeheuren Fortschritt erzielt, weil sie die ihrem Wesen gemäße Methode gefunden, ausgebildet und eingesetzt, dadurch aber den Stand einer strengen, methodisch gesicherten Wissenschaft erreicht hatten. Demgegenüber bot die Philosophie ein vielfältiges und verworrenes Bild. Es gab verschiedene und widersprechende Versuche zur Neubelebung philosophischen Denkens, die zum Teil kaum den Anspruch strenger Wissenschaft erheben konnten.

So ist es nicht zu verwundern, daß sich auf diesem Hintergrund eine skeptische Haltung einstellt. Dies geschieht vor allem in Frankreich, also dem Land, aus dem auch Descartes stammt. Eine skeptische Einstellung wird besonders bei *Michel de Montaigne* (1533–1592) deutlich, der alles Wissen für zweifelhaft und trügerisch hält und zu praktischem, stoisch-ethischem Ergreifen und Bewältigen der Möglichkeiten des eigenen Lebens aufruft. Ähnlich sein Freund *Pierre Charron* (1541–1603); auch er ist Skeptiker gegenüber der Erkenntnis, auch für ihn steht der konkrete Mensch im Mittelpunkt, auch er stellt den praktischen Willen über die theoretische Vernunft.

Aber Skepsis ist keine Lösung; sie fordert ihre Überwindung. So erhebt sich immer mehr das dringende Anliegen, endlich auch philosophisches Denken auf kritisch-methodisch gesichertem Boden neu zu begründen und aufzubauen, Philosophie zur strengen Wissenschaft zu erheben.

Daher stellt sich fundamental die *Methodenfrage* der Philosophie. Durch den Einsatz der sachgemäßen Methode hat die Naturwissenschaft ihre Leistungen vollbracht. Was also ist die richtige, ihrem Wesen und ihrem Gegenstand entsprechende Methode der Philosophie? In der Naturwissenschaft kommen zwei Methodenelemente zur Einheit: einerseits die Erfahrung, methodisch durchgeführt in Experiment und Beobachtung, andererseits die Anwendung exakt mathematischen Denkens, das die physikalischen Vorgänge erfaßt und auf Gesetze bringt. Wenn es aber der Philosophie um Erstbegründung der Erkenntnis geht, also um den ersten Ausgangspunkt und die ersten Prinzipien gesicherter Erkenntnis, muß sie zwischen diesen Methodenelementen eine Wahl treffen. Entweder wählt sie – gleich den Erfahrungswissenschaften – eine empirisch-induktive Methode, das heißt: sie geht von den Gegebenheiten der Erfahrung aus und sucht von daher aufsteigend allgemeine Gesetze zu formulieren; oder sie wählt – nach dem Vorbild der reinen Mathematik – eine apriorisch-deduktive Methode, das heißt: sie geht von ersten, rein rational einsichtigen Prinzipien aus, von denen alle weiteren Erkenntnisse durch logische Deduktion abgeleitet werden.
Durch diese Alternative ist der Gegensatz zwischem Empirismus und Rationalismus bestimmt. Beide großen philosophischen Bewegungen des 17. und 18. Jahrhunderts bestehen wesentlich in einer Methodenübertragung von der Mathematik und Naturwissenschaft auf die Philosophie. Der Rationalismus, mit Descartes einsetzend, versteht Philosophie als rein rationale, deduktiv vorgehende Wissenschaft; der Empirismus versteht sich als Erfahrungswissenschaft, die induktiv aufzubauen sei. Dadurch treten schon hier Denken und Erfahrung auseinander, der Gegensatz zwischen Begriff und Anschauung wird aufgerissen, den erst Kant wieder zu überbrücken versucht.
Dennoch liegt beiden Denkrichtungen ein gemeinsamer Ansatz zugrunde. Es geht darum, von einer ersten und unmittelbaren, im Idealfall nicht mehr bestreitbaren oder bezweifelbaren Erkenntnis auszugehen, um von diesem Ausgangspunkt methodisch das System der Philosophie zu errichten. Das bedeutet den durchaus neuen Willen zum streng *methodischen System.* In der gesamten bisherigen Philosophie hatte es nie ein System dieser Art gegeben, weder im griechischen Altertum noch in der Scholastik des Mittelalters, deren große philosophischen und theologi-

schen »Summen« – wie die »Summa theologica« des Thomas von Aquin – zwar systematische Werke in dem Sinn waren, daß sie ihren Lehrstoff in einer sinnvollen und übersichtlichen Ordnung darlegten, also didaktisch bestimmte Systeme aufführten, nicht aber den Anspruch eines streng methodisch bestimmten Systems erheben wollten. Das geschieht erst hier: Von einem ersten Ausgangspunkt sollte im methodischen Vorgehen jeder weitere Schritt streng bewiesen werden und nichts voraussetzen, was nicht zuvor schon bewiesen war. Die Methode wird zum Prinzip des Systems, das System ist bestimmt durch die Methode – ein Ideal, das im neuzeitlichen Denken seinen höchsten Anspruch bei Hegel erreicht: in der absoluten Methode des absoluten Systems.

Der *gemeinsame Ansatz* des Rationalismus und des Empirismus in einer ersten, in sich selbst absolut gesicherten Erkenntnis bedeutet aber auch, daß an Einzelinhalten, die uns unmittelbar gegeben und einsichtig sind, die Wahrheit und Gewißheit der Erkenntnis ausgewiesen werden soll. Der Rationalismus sieht die »Unmittelbarkeit« der ersten und sichersten Erkenntnis in der Selbstgewißheit des »ego cogitans«, das in der reinen Immanenz des denkenden Subjekts »eingeborene Ideen« vorfindet, während der Empirismus die »Unmittelbarkeit« in der sinnlichen Wahrnehmung ansetzt und von hier aus die Erkenntniswelt aufzubauen sucht. Erst die weitere Problementwicklung wird zeigen, daß es eine »Unmittelbarkeit« weder in dem einen, noch dem anderen Sinn gibt, sondern alle, auch noch so unmittelbar erscheinende, Erkenntnis schon vermittelt ist. In der Transzendentalphilosophie Kants wird es entscheidend darum gehen, die Vermittlung durch das Subjekt einzuholen, und Hegel wird zur Erkenntnis kommen, daß es nichts gibt, was nicht ebenso unmittelbar wie vermittelt wäre.

Der Ansatz dieses Problems, das die ganze neuzeitliche Philosophie durchziehen wird, taucht jedoch schon in Descartes' methodisch-systematischer Neubegründung der Philosophie auf.

## 2.1 Descartes

René Descartes wurde 1596 in La Haye in der Touraine als Sohn einer adeligen Familie geboren. Er studiert 1604–1612 im Jesuitenkolleg La Flèche und erhält dort seine erste wissenschaftliche und philosophische Ausbildung. 1612–1616 studiert er in Poitiers Rechtswissenschaft, dient anschließend als Freiwilliger im holländischen, später im bayerischen Heer, macht die Anfänge des Dreißigjährigen Krieges mit und nimmt an der Schlacht am Weißen Berge bei Prag (1620) teil. Zuvor lag er 1619/20 im Winterquartier in Neuburg an der Donau. Dort hatte er das entscheidende Erlebnis, worin ihm »das Licht einer wunderbaren Entdeckung aufging«: die Einsicht des »cogito ergo sum«. Bisher hatte er so sehr an quälenden Zweifeln gelitten, daß er das Gelübde einer Wallfahrt nach Loretto machte, wenn er die Zweifel überwinden und den sicheren Boden der Wahrheit erreichen würde. Dieses Gelübde führt er 1623 aus, lebt dann längere Zeit in Italien und kehrt nach mancherlei Reisen in Ungarn, Deutschland, Holland und der Schweiz 1625 nach Paris zurück, flieht aber 1628 aus dem Lärm der französischen Hauptstadt und führt in der Folgezeit ein verborgenes und einsames, allein der wissenschaftlichen Arbeit gewidmetes Leben in den Niederlanden. 1649 folgt er einer Einladung der Königin Christine von Schweden und zieht nach Stockholm, wo er jedoch schon nach wenigen Monaten 1650 stirbt.

Descartes' philosophisch wichtigsten Werke sind: »Discours de la méthode«, Leyden 1637; »Meditationes de prima philosophia«, Paris 1641; eine zweite Ausgabe, um Objectiones und Responsiones vermehrt, erschien Amsterdam 1642, eine französische Übersetzung, vom Verfasser selbst durchgesehen, Paris 1647; »Principia philosophiae«, Amsterdam 1644. Daneben verfaßte er kleinere Schriften, darunter besonders: »Regulae ad directionem ingenii«, die jedoch erst lange nach seinem Tod, Amsterdam 1701, erschienen sind.

Descartes bedeutet einen Wendepunkt in der Geschichte der Philosophie; er setzt einen neuen Anfang. Doch ist es kein völliger Neubeginn. Auch Descartes steht unter dem Einfluß der Vergangenheit und schöpft aus geschichtlichem Erbe, wenn er sich in seinen Schriften auch nie durch Zitate auf andere Autoren beruft. Von seinem Studium in La Flèche her kennt er die *schola-*

*stische* Philosophie. Auf seinen Reisen führt er Werke von Thomas von Aquin und Suarez mit. Er denkt noch weitgehend in Anlehnung an die scholastische Terminologie. Auch inhaltlich besteht ein gewisser Einfluß, noch mehr aber durch den spätscholastischen Nominalismus. Der durch Abstraktion aus der Erfahrung gewonnene Allgemeinbegriff ist fragwürdig geworden und vermag keine Gewißheit mehr zu vermitteln.

Einen deutlichen Einfluß erfährt Descartes von *Augustinus,* so schon in der Grundeinsicht der Selbstgewißheit, die auch in jedem Zweifel enthalten ist, in der Lehre von den eingeborenen Ideen, die den augustinischen »veritates aeternae« verwandt sind, weiter in der dualistischen Auffassung des Menschen und im Gottesbeweis aus den Ideen. Das sind keine zufälligen Parallelen; in Paris hatte Descartes mit Kardinal Berulle verkehrt, dem Gründer des Oratoriums, der eine bedeutende Stellung in der französischen Spiritualität seiner Zeit hatte und sich vorzüglich auf augustinisches Gedankengut stützte. Durch seine Vermittlung dürfte auch Descartes mit Augustinus vertraut geworden sein, wenn sich das Ausmaß seiner Kenntnis der augustinischen Schriften auch nicht genau belegen läßt.

Schließlich wird der Problemansatz Descartes' entscheidend bestimmt durch die *methodischen* Bestrebungen seiner Zeit. Mathematik und Naturwissenschaften hatten ihre wesensgemäße Methode gefunden, sie waren daran, diese Methode weiter auszubilden und zu differenzieren. So stellt sich auch die Frage nach der streng wissenschaftlichen Methode der Philosophie. Diese Frage wird beherrschend für den Einsatz des cartesianischen Denkens. Es will von einem unbedingt sicheren Ausgangspunkt in völliger Klarheit, Evidenz und Konsequenz das System der Philosophie errichten.

## 2.11 Methodische Grundlegung

### 2.111 Zweifel und Selbstgewißheit

Philosophie als strenge Wissenschaft nach dem Vorbild der Mathematik erfordert einen Ausgangspunkt, der absolut sicher ist und jeden nur möglichen *Zweifel* ausschließt. Wenn an einer Erkenntnis ein Zweifel noch möglich ist, dann muß sie in Zweifel gezogen werden. Man muß daher an jeder natürlichen, vorwissenschaftlichen Gewißheit zweifeln, da sie noch nicht kritisch gesichert ist. Vieles, was man für wahr gehalten oder geglaubt hat, stellt sich in kritischer Reflexion als falsch oder wenigstens als ungewiß heraus. Dies alles muß ausgeschaltet werden; es gilt einen absolut sicheren Ausgangspunkt zu finden. Methodisch geht Descartes hier einen Weg, der schon in die Richtung der methodischen Reduktion, der Ausschaltung oder Ausklammerung in der Phänomenologie *Husserls* weist. Schrittweise schaltet Descartes alle Bereiche der natürlichen Erkenntnis aus, die noch irgendwie zweifelhaft sind oder auch nur die Möglichkeit des Zweifels zulassen.

So kann ich zweifeln an den Sinneswahrnehmungen, somit an der ganzen Körperwelt. Tatsächlich täuschen wir uns im einzelnen oft. Wie können wir wissen, wann wir uns nicht täuschen? Überdies »erkennen« wir im Traum manches, was nicht wirklich ist, obwohl wir es mit derselben Klarheit wie im Wachzustand sehen. Wir haben jedoch kein sicheres Kriterium, das in völliger Evidenz den Traum von der Wahrnehmung im wachen Zustand unterscheiden läßt. Daher bleibt alle Sinneserkenntnis zweifelhaft.

Aber es gibt auch unbedingt sichere Einsichten des Denkens, zum Beispiel die mathematische Gewißheit $2 + 3 = 5$. Wer gibt mir jedoch die Sicherheit, daß ich mich nicht auch darin täusche? Ich weiß, daß ich mich auch im Denken oft irre. Woher weiß ich, daß ich mich nicht auch da irre, wo mir etwas als ganz sicher erscheint? Woher weiß ich überdies, daß ich nicht den Täuschungen eines bösen Geistes zum Opfer falle, der mich in die Irre führen will? So kann ich an allem zweifeln, nicht nur an den Wahrnehmungen der Sinne, sondern auch an Einsichten der Vernunft. Und weil ich daran zweifeln kann, muß ich daran zweifeln; ich muß alles ausschalten, was nicht unzweifelhaft sicher ist.

Hier stellt sich die Frage, ob Descartes diesen radikalen und universalen Zweifel, den er am Anfang verlangt, als realen oder als methodischen Zweifel versteht. Wirklich alles in Zweifel ziehen, was meine natürliche Erkenntniswelt ausmacht, wäre gar nicht möglich; das menschliche Leben selbst würde sich aufheben. Wohl aber können wir methodisch an allem zweifeln, um nach kritisch-wissenschaftlicher Rechtfertigung zu fragen. Descartes versteht den Zweifel in diesem Sinn, nämlich als methodischen Zweifel, der die natürliche Gewißheit nicht aufhebt.

Doch führt dieser Weg des Zweifels zu einer ersten, nicht mehr bezweifelbaren *Gewißheit,* die selbst im radikalsten Zweifel noch enthalten ist: »Ich habe mich überredet, daß es schlechterdings nichts in dieser Welt gibt, keinen Himmel, keine Erde, keine Geister, keine Körper, also wohl auch nicht mich selbst? Keineswegs! Ich war sicher, wenn ich mich dazu überredet habe. Aber es gibt vielleicht einen, ich weiß nicht welchen, höchst mächtigen und verschlagenen Betrüger, der mich mit Absicht stets täuscht. Nun, wenn er mich auch täuscht, so ist doch unzweifelhaft, daß ich bin. Er täusche mich, soviel er kann, niemals wird er es doch zustande bringen, daß ich nicht bin, solange ich denke, daß ich etwas sei. Und so komme ich, nachdem ich derart alles mehr als genug hin und her erwogen habe, schließlich zu der Gewißheit, daß dieser Satz: ›Ich bin, ich existiere‹, sooft ich ihn ausspreche oder denke, notwendig wahr ist« (Med. II, Abs. 3) – der berühmte cartesianische Ansatz: *»cogito ergo sum«* oder »sum cogitans«, »sum res cogitans« (vgl. Discours IV, Abs. 3; Princ. phil. I,7).

Sachlich denselben Gedanken hatte schon lange zuvor Augustinus. Auch er stößt auf die Urgewißheit des eigenen Ich, die auch im radikalsten Zweifel noch enthalten ist. Daraus ergibt sich die Frage, ob der cartesianische Ansatz von Augustinus übernommen ist. Doch scheint die erste Einsicht in die Selbstgewißheit des Ich, die sich auch im Zweifel noch durchhält, Descartes völlig unabhängig und selbständig aufgeleuchtet zu sein. Das war sein großes Erlebnis in Neuburg 1619. Aus einer Gemeinsamkeit folgt nicht immer und notwendig historische Abhängigkeit. Andererseits aber dürfte der Ausbau und die Auswertung dieser Einsicht in Descartes' Schriften – die »Meditationes« sind erst 1641 erschienen – schon in Abhängigkeit von Augustinus geschehen sein; dazwischen liegt der geistige Kontakt mit Berulle, durch den Descartes zu Augustinus fand.

Was bedeutet aber der Satz: »cogito ergo sum«? Das »cogito« meint hier, wie Descartes ausdrücklich sagt, nicht nur den Akt des Denkens, sondern in weiterem Sinn jeden Bewußtseinsakt, auch Wollen, Fühlen usw. Jeder solche Akt, in vollem Bewußtsein gesetzt, impliziert notwendig das Wissen um das eigene Sein. Daher meint das »ergo« auch nicht eine Schlußfolgerung, in der das »ich bin« erst ableitend erschlossen würde, sondern die Unmittelbarkeit und Gleichzeitigkeit einer implizierten Einsicht in die eigene Existenz. Das Wort »sum« – oder »sum cogitans« – meint reales An-sich-Sein. Descartes macht noch nicht die kritische Unterscheidung Kants zwischen bloßer Erscheinung und An-sich-Sein; für ihn ist die absolute Realität des Ich unmittelbare Gewißheit.

2.112 Kriterium der Gewißheit

Descartes stellt weiter die Frage: Welche Eigenart kommt der Urgewißheit zu? Wie muß daher auch jede andere Erkenntnis beschaffen sein, wenn sie ebenso wahr und gewiß sein soll wie die absolute Selbstgewißheit? Aus diesem ersten, völlig zweifellosen Fall einer echten Evidenz, wie sie hier vorliegt, will Descartes ein allgemeines Kriterium der Wahrheit und Gewißheit ableiten. Andere Erkenntnisse, welche dieser Norm entsprechen, können dieselbe Gewißheit beanspruchen, solche, die der Norm nicht entsprechen, müssen zweifelhaft bleiben. Die Überlegung macht also den Schritt vom Einzelfall zur allgemeinen Regel. »Ich bin gewiß, daß ich ein denkendes Ding (res cogitans) bin, – weiß ich also etwa schon, was dazu erforderlich ist, irgendeiner Sache gewiß zu sein? Nun, in dieser ersten Erkenntnis ist nichts anderes enthalten als ein sicheres, klares und deutliches Erfassen des von mir Ausgesagten. ... und somit meine ich bereits als allgemeine Regel aufstellen zu dürfen, daß alles das wahr ist, was ich ganz klar und deutlich (clare et distincte) erfasse« (Med. III, 4). Wo eine *klare und deutliche Einsicht* vorliegt, ist ihre Wahrheit unbedingt gesichert.
Was damit gemeint ist, wird ausdrücklich erklärt: eine Einsicht (perceptio) ist *klar* (clara), »wenn sie dem aufmerksamen Geist gegenwärtig und offenbar (praesens et aperta) ist, wie wir sagen, daß wir etwas klar sehen, wenn es dem Auge, das darauf blickt, gegenwärtig ist und es hinreichend stark und offenkundig erregt«. Eine Erkenntnis ist *deutlich* (distincta), »wenn sie unter Voraussetzung der Klarheit auch von allen übrigen so getrennt und unterschieden (seiuncta et praecisa) ist, daß sie gar keine anderen als nur klare Merkmale in sich enthält« (Princ. phil. I, 45). Klar ist also, was in intuitiver Einsicht erfaßt wird, deutlich oder distinkt, was darüber hinaus von allem anderen klar unterschieden ist.

 Darin liegt das erkenntnistheoretische Grundprinzip von Descartes. Jede Erkenntnis muß auf eine *intuitive Evidenz* zurückgeführt werden, das heißt: auf eine unmittelbare Einsicht des Geistes. Was in dieser Weise klar und deutlich eingesehen wird, das ist unbedingt in seiner Wahrheit gesichert. Der Urfall solcher Evidenz ist das »cogito ergo sum«. Es ist nun die Frage, welchen weiteren Inhalten unserer Erkenntnis dieselbe Klarheit und Deutlichkeit zukommt. Es geht um die Anwendung des Evidenzkriteriums auf den übrigen Bereich unserer Erkenntnis.

Einen objektiven Erkenntnis- oder Vorstellungsgehalt, den wir im Bewußtsein vorfinden, bezeichnet Descartes allgemein als »Idee«. Er verwendet dieses Wort also zunächst in einem ebenso weiten Sinn wie der Empirismus, wenn hier auch, wie sich noch zeigen wird, darunter im letzten etwas völlig anderes verstanden wird. Von den verschiedenen Ideen unseres Bewußtseins »sind die einen mir eingeboren (*innatae*), andere von außen hinzugekommen (*adventitiae*), wieder andere von mir selbst gemacht (*a me ipso factae*)« (Med. III, 13). Für die Wahrheitsfrage scheidet die letzte Gruppe aus, weil diese Ideen willkürliche Produkte meiner Vorstellung sind. Die andern Ideen treten jedoch unabhängig von meinem Willen im Bewußtsein auf. Sie scheinen also von den Dingen selbst bewirkt zu sein. Trotzdem sind die Erfahrungsbegriffe, die auf äußerer Wahrnehmung beruhen, noch zweifelhaft. Descartes bringt das Beispiel von der Sonne, die unserer Wahrnehmung sehr klein erscheint. Aus Berechnungen der Astronomie wissen wir aber, daß sie viel größer als die Erde ist; wir können ihre Größe, ihre Entfernung von der Erde genau angeben. Wir bilden also eine andere, von der Sinneswahrnehmung sehr verschiedene Idee. Nur sie ist »idea clara et distincta«, nur von ihr wissen wir, daß sie der wirklichen Sonne entspricht. Diese Idee bilden wir aber »aus uns selbst«, durch reine Einsicht der Vernunft. Sie entstammt also unserem eigenen Geist; und dies nennt Descartes eine »idea innata«. Nur sie wird dem Kriterium gerecht, denn nur sie ist eine klare und deutliche Idee.

Unter der *eingeborenen Idee* versteht Descartes nicht einen fertigen Begriff, den wir in uns vorfänden, überhaupt nicht eine ausdrückliche Erkenntnis, die uns a priori gegeben wäre. Er meint damit nur die virtuelle Anlage des Geistes, die durch eigene Einsicht aktuiert wird. Er spricht daher auch von einem »lumen naturale«, das dem Geist eigen ist und ihn befähigt, aus sich selbst in rationaler Klarheit und Deutlichkeit Vernunfteinsichten zu vollziehen. Dies zeigt jedoch, daß die eingeborene Idee nicht eigentlich Produkt des menschlichen Geistes ist. Vielmehr ist sie, wenigstens als Anlage, unserem Denkvollzug schon vorgegeben. Wenn wir also fragen, warum gerade der eingeborenen Idee die Eigenart klarer und distinkter Einsicht zukommt, warum also nur sie als unbedingt wahr garantiert ist, so muß die Antwort lauten: gerade weil sie nicht von mir selbst hervorgebracht, sondern der Natur meines Geistes ursprünglich mitgegeben ist; weil sie von Gott, dem Schöpfer der menschlichen Natur, selbst stammt. Darin liegt die letzte Garantie ihrer Wahrheit und Gewißheit. Unsere Ideen und Begriffe, soweit sie klar und deutlich sind, gehen von Gott aus, müssen daher wahr sein. Die klare und deutliche Idee ist also eingeborene Idee. Als solche ist sie mir von Gott eingegeben. Gott aber ist absolut wahrhaftig und kann uns nicht täuschen. Also ist jede klare und deutliche Idee als unbedingt wahr und gewiß erwiesen.

### 2.113 Sicherung der Gewißheit

Dies führt einen Schritt weiter: zur letzten Sicherung der Wahrheit und Gewißheit in der *Wahrhaftigkeit Gottes* selbst. Von der Notwendigkeit einer solchen Sicherung ist nur die erste und unmittelbarste Einsicht des »cogito ergo sum« ausgenommen, weil sie in sich selbst evident ist, wenn immer ich denke oder einen bewußten Akt vollziehe. Hier ist durch die unmittelbare Gegebenheit der Sache selbst die Möglichkeit des Irrtums ausgeschlossen, also auch keine weitere Sicherung mehr erforderlich. Im ganzen übrigen Bereich unserer Erkenntnis – auch dann, wenn eine klare und distinkte Idee vorliegt – besteht noch die Möglichkeit des Irrtums oder zumindest des Zweifels. Eine solche Idee könnte mir von einem bösen Geist eingegeben sein, der mich täuschen will. Erst recht kann ich im gesamten Erfahrungsbereich nicht sicher sein, ob meinen Ideen eine objektive Wirklichkeit entspricht, solange nicht erwiesen ist, daß die Ideen von Gott stammen und Gott das vollkommenste Wesen ist, das mich nicht täuschen kann. Die absolute Sicherung unserer Erkenntnis verlangt also den Beweis für das Dasein und die Wahrhaftigkeit Gottes.

 So bringt Descartes schon in diesem Zusammenhang der Frage

nach der Wahrheit und Gewißheit (in der Med. III) zwei Beweise für die *Existenz Gottes*. Der erste Beweis geht davon aus, daß wir eine Idee Gottes haben, der als unendliche Substanz alle Wirklichkeit und Vollkommenheit (realitas et perfectio) in sich schließt. Die Idee der Substanz stammt zwar aus mir, weil ich mich selbst als Substanz erfahre, aber die Idee einer unendlichen Substanz kann nicht aus mir selbst stammen, weil sie meine eigene Wirklichkeit unendlich übersteigt. Die Ursache kann nicht von geringerer Vollkommenheit sein als die Wirkung. Die Idee Gottes als des unendlich vollkommenen Wesens kann daher nur von Gott selbst in mir hervorgebracht sein. Als Ursache unserer Idee Gottes ist also die Existenz Gottes vorausgesetzt.

Damit verbindet sich ein zweiter Gedankengang, den wir so zusammenfassen dürfen: Ich selbst bin ein endliches, das heißt: ein begrenztes und unvollkommenes Wesen, das dennoch die Idee des vollkommensten Wesens in sich trägt. Die unendliche Vollkommenheit, die wir in der Gottesidee denken, ist weder der Wirklichkeit noch der Möglichkeit nach in mir selbst enthalten. Daher setzt meine endliche Existenz Gott als letzte Ursache voraus; erst recht setzt meine Idee des unendlichen Wesens, die in mir selbst weder verwirklicht ist noch jemals verwirklicht werden kann, Gott als ihre Ursache voraus. Daher existiert notwendig Gott als das höchste und vollkommenste Wesen.

Dazu kommt ein weiterer Beweis, den Descartes später (in der Med. V) entwickelt und worin er das »Anselmianische Argument« – später als »ontologischer« Gottesbeweis bezeichnet – in neuer Form aufnimmt. Es ist der Gedanke – der von Anselm von Canterbury stammt und seither immer wieder diskutiert wurde, im rationalistischen Denken aber von neuem eine zentrale Rolle spielt –, daß nämlich aus dem Begriff Gottes die Existenz Gottes logisch folge, weil der Begriff die Existenz schon in sich schließt. Bei Descartes kehrt dieser Gedanke in der Form wieder, daß in der Idee des vollkommensten Wesens (*ens perfectissimum*) die aktuelle Existenz dieses Wesens enthalten ist. Während sich in allen anderen Ideen das Wesen (*essentia*) vom Dasein (*existentia*) unterscheiden läßt, kann ich Gott nicht anders als real existierend denken – ebensowenig wie ich vom klar erfaßten Wesen des Dreiecks seine Winkelsumme trennen kann. Mit der klaren und deutlichen Idee, die wir von Gott haben, ist seine Existenz schon mitgegeben, weil Gott sonst nicht mehr das vollkommenste Wesen wäre. Daß Gott existiert, ist demnach für Descartes ein rein analytischer Satz von exakt mathematischer Gewißheit. Das Dasein Gottes »steht bei mir zumindest in demselben Grade der Gewißheit, in welchem bisher die mathematischen Wahrheiten gestanden sind« (Med. V, 7).

Der weitere Schritt von der Wirklichkeit zur *Wahrhaftigkeit Gottes* ist sodann nicht mehr weit. Wenn Gott als das vollkommenste Wesen existiert, dann kann er mich auch nicht täuschen; sonst wäre er nicht mehr das vollkommenste Wesen – wieder eine analytische Aussage. Nun stammen die eingeborenen Ideen von Gott. Sie sind also durch die unbedingte Wahrhaftigkeit Gottes selbst verbürgt. Alles aber, was in einer *»idea clara et distincta«* erfaßt wird, geht auf eine *»idea innata«* zurück. Es ist also eine göttliche Setzung oder Behauptung in mir, eine Mitteilung und Erleuchtung durch Gott, der diese Idee der Natur unseres Geistes eingepflanzt hat. Dadurch ist ihre Wahrheit und Gewißheit über jeden Zweifel erhaben; sie gründet in der Wahrhaftigkeit Gottes selbst, und darin liegt der letzte Grund ihrer unbedingten Gewißheit.

Wir müssen hier die *kritische Frage* stellen, warum Descartes zur Sicherung unserer Erkenntnis auf die Wahrhaftigkeit Gottes zurückgreift. Worin gründet die methodische Notwendigkeit einer solchen Sicherung? Sie entstammt einem nominalistischen Grundzug des cartesianischen Denkens. Es gibt keinen gültigen Allgemeinbegriff mehr, den wir aus der Erfahrung gewinnen und der eine Wesenseinsicht vermitteln könnte. Diejenigen Begriffe, in denen wir unbedingt wahre und gewisse Erkenntnis vollziehen, müssen daher einer anderen Quelle entstammen. Sie sind nicht Erfahrungsbegriffe, sondern eingeborene, von Gott uns eingegebene Ideen. Ihre Geltung gründet nicht in eigenmenschlicher Einsicht, sondern allein in göttlicher Bezeugung. Die menschliche Erkenntnis als solche ist fragwürdig geworden, sie vermag keine unbedingte Geltung mehr zu erreichen. Es gibt daher eigentlich keine menschliche, sondern nur noch göttliche Evidenz. Allein der göttliche Ursprung der *»idea innata«* kann volle Gewißheit garantieren.

Die Sicherung der Erkenntnis durch die Wahrhaftigkeit Gottes setzt aber voraus, daß wir in aller Klarheit und Deutlichkeit eine eingeborene Idee von Gottes Wesen besitzen. Hier bleibt die

Frage, ob wir eine derart klare und distinkte Idee Gottes haben, deren rationale Schärfe von mathematischer Exaktheit ist. Wird hier nicht die transzendentale Offenheit des Geistes, sein apriorischer »Vorgriff« auf Gott allzu schnell zu einem rationalen »Begriff« gedeutet? Liegt hier nicht schon der typisch rationalistische Ansatz vor, der die gesamte Breite und Tiefe geistiger Erkenntnis auf den rationalen Begriff reduziert und diesen absolut setzt? Gegen diese Verengung des Denkens auf begriffliche, mathematisch-rationale Gewißheit wird vor allem Pascal schärfsten Protest erheben.

Für Descartes steht jedoch fest: Gott als das vollkommenste Wesen kann uns nicht täuschen. Daher liegt in Gottes Wahrhaftigkeit die letzte Gewähr für die Wahrheit unserer Erkenntnis. Dahinter steht aber die Überzeugung Descartes', daß es keine unbedingt gültigen Wesensgesetze gibt, die uns einsichtig wären. Gott könnte auch Unmögliches möglich oder Mögliches unmöglich machen. Alle Wesensgesetze, auch die ersten Seinsprinzipien – sogar das Identitäts- oder Widerspruchsprinzip – sind nicht notwendig im Sein begründet, sondern allein in der freien Setzung durch Gottes Willen. Hier erscheint in seltsamer Antinomie zum rationalistischen Ansatz ein voluntaristisches Element im Denken von Descartes. Weil es keine absolut gültigen Wesensgesetze gibt, weil alle, auch die metaphysische Wahrheit in der freien Willkürsetzung Gottes gründet, können wir aus eigener Einsicht davon keine letzte Gewißheit gewinnen, es sei denn, daß Gott selbst uns davon Mitteilung macht und sich mit seiner Wahrhaftigkeit dafür verbürgt. In der Entwertung nicht nur der eigenmenschlichen Erkenntnis, sondern auch einer metaphysischen Seinsordnung liegt der Grund dafür, daß unsere Erkenntnis auf die göttliche Bezeugung der *»idea innata«* angewiesen ist.

Hier stellt sich jedoch weiter die Frage, ob die methodische Sicherung der Erkenntnis durch den Rückgriff auf Gott gelingen kann. Ist dieser Beweis ohne logischen Zirkel möglich? Nach Descartes ist allein die Urgewißheit *»cogitans sum«* absolut und unzweifelhaft sicher, so daß sie keiner weiteren Sicherung bedarf. Jede andere Erkenntnis erfordert aber noch eine letzte Sicherung durch Gottes Wahrhaftigkeit. Nun ist diese Rückführung ein diskursives Schlußverfahren, in dem die Existenz Gottes bewiesen und daraus seine Wahrhaftigkeit abgeleitet wird.

Dieser Beweisgang würde als solcher, um unbedingt verbürgt zu sein, selbst noch einmal die Verankerung in Gottes Wahrhaftigkeit verlangen. Descartes gerät also in eine *»petitio principii«*. Unter dem Eindruck der Einwände modifiziert Descartes später seine Auffassung. Jede unmittelbare Einsicht genügt sich selbst, nicht nur die Urgewißheit des *»cogitans sum«*. Dagegen verlangt jede mittelbare Einsicht, die durch Schlußfolgerung gewonnen wird, eine letzte Sicherung ihrer Geltung. Demnach wäre das Kausalitätsprinzip, das in den Beweisen der Med. III vorausgesetzt ist, eine unmittelbare, sich selbst genügende Einsicht, die keiner Sicherung bedarf. Aber der ganze Beweisgang, in dem, vermittelt durch das Kausalitätsprinzip, das Dasein und die Wahrhaftigkeit Gottes bewiesen werden, bleibt eine mittelbare Erkenntnis, die als solche immer noch – der Forderung Descartes' entsprechend – eine letzte Sicherung ihrer unbedingten Geltung verlangt. Daraus folgt, daß auch in dieser Abwandlung des Gedankens der logische Zirkel nicht vermieden wird, die *»petitio principii«* also bestehen bleibt.

## 2.12 Inhaltliche Entfaltung

### 2.121 Eingeborene Idee

Eine zentrale Lehre Descartes', die nicht nur im ganzen Raum des Rationalismus fortlebt, sondern auch deutlich noch bei Kant und im deutschen Idealismus nachwirkt, ist seine Lehre von der »eingeborenen Idee«. Was meint er damit? Sicher, das Wort »Idee« ist zunächst in einem sehr weiten Sinn gebraucht; es bedeutet etwa »objektiver Denkinhalt«. Wenn Descartes aber nur denjenigen Denkinhalt als objektiv gültig betrachtet, der »klar und deutlich« ist, so wird die Idee schon auf den streng rationalen, exakt definierbaren »Begriff« eingeengt. Mit der *»idea clara et distincta«* wird das begrifflich rationale Denken absolut gesetzt. Das ist der Ansatz des Rationalismus. Wenn aber die »klare und deutliche Idee« auf die »eingeborene Idee« reduziert und in Gott fundiert wird, so rückt Descartes damit in eine Traditionslinie ein, die von Platon und Augustinus heraufreicht; es ist spezifisch platonisches Denken, das bei Descartes wieder erweckt und neu akzentuiert wird.

 Schon der Ideenlehre *Platons* lag die Einsicht zugrunde, daß unsere Erkenntnis nicht allein aus der Erfahrung zu erklären ist, sondern ein *apriorisches* Element voraussetzt. Wenn wir von Einheit und Gleichheit, von Zahlenverhältnissen oder geometrischen Figuren wie dem Kreis oder dem Dreieck, von menschlichen Tugenden wie Gerechtigkeit und Tapferkeit, überhaupt vom Guten und vom Schönen sprechen, so sind das nicht Inhalte, die wir rein in der Erfahrung vorfinden. Vielmehr beurteilen wir Inhalte der Erfahrung nach einer vorgängigen Norm dessen, was wir als gleich oder ungleich, als gut oder böse, als schön oder unschön verstehen. Dies führte Platon zur Annahme ewiger und unveränderlicher, der Sinnenwelt überlegenen »Ideen«, an denen der menschliche Geist ursprünglich Anteil hat. Im Neuplatonismus wird diese Lehre aufgenommen, aber von *Plotin* dahin umgeformt, daß die Ideen nicht mehr in sich selbst als ewige Wesenheiten bestehen, sondern Gedanken eines denkenden Geistes sind, der Vernunft (*Nous*), die aber nicht das göttliche Ur-Eine selbst, sondern seine erste Emanation ist und zum Ort der platonischen Ideenwelt wird, nach deren Vorbild die irdische Welt gestaltet ist. Im christlichen Neuplatonismus, vorab bei *Augustinus*, wird dieses Vernunftprinzip mit dem Schöpfergott gleichgesetzt. Die ewigen Ideen werden zu *»ideae in mente divina«*, zum Entwurf der möglichen Welt im Denken Gottes, nach dem er sodann in Freiheit die Welt erschaffen und gestaltet hat. Insofern aber wir Menschen in unserem Denken »ewige Wahrheiten« (*veritates aeternae*) vorfinden, die nicht der Wandelbarkeit der Sinnenwelt unterliegen – etwa logische, mathematische, metaphysische Gesetze usw. – nehmen wir an der »ewigen Wahrheit« Gottes teil durch eine dem endlichen Geist naturhafte »Erleuchtung« (*illuminatio intellectus*) durch Gott selbst.

Dieser Gedanke wirkt im Mittelalter weiter, nicht nur in der »augustinisch« orientierten Schule, die in Bonaventura einen großen Vertreter findet, sondern auch bei dem vorwiegend »aristotelisch« gesinnten Thomas von Aquin. Dieselbe Denktradition steht aber auch deutlich im Hintergrund des cartesianischen Ansatzes. Auch für ihn ist die »Idee« nicht aus der Erfahrung durch Abstraktion gewonnener »Begriff«, sondern apriori der Vernunft innewohnender Denkinhalt, welcher normativ die Beurteilung der Erfahrungsgehalte ermöglicht. Diese Idee ist als *»idea innata«* einerseits – darin typisch neuzeitlich – in das

Subjekt, die menschliche Ratio verlegt – sie wird jetzt zur *»idea in mente humana«*; anderseits aber bleibt sie allein durch Gott, die Wahrheit selbst, nicht nur ontologisch in ihrem Ursprung, sondern auch methodologisch in ihrer Geltung fundiert.
Daraus wird auch deutlich, warum Descartes von »Ideen« spricht. Dieses Wort stammt nicht aus der scholastischen, sondern aus der platonischen Tradition. Es bedeutet ursprünglich nicht den abstrakten Begriff (*conceptus*), sondern die urbildhafte, den Dingen vorgängige Idee, nicht das *»universale post rem«*, sondern das *»universale ante rem«*, die ewige, vorweltlich reine Wesenheit, nach deren Vorbild die Dingwelt gestaltet ist und an der die menschliche Vernunft unmittelbar Anteil hat. Dadurch aber wird der menschliche Geist – ähnlich wie bei Platon – seinem eigentlichen Wesen nach reiner, weltlos und geschichtslos gedachter Geist, der alle Wahrheit in sich selbst findet oder aus sich selbst zu entfalten hat. Wahrheit ist nicht mehr Übereinstimmung des Denkens und Sprechens mit der Wirklichkeit, sondern rein subjektimmanente Klarheit und Deutlichkeit der Idee. Die neuzeitliche *Wende zum Subjekt* hat hier ihren entscheidenden Ansatz gefunden.

### 2.122 Substanz

Descartes entwickelt kein geschlossenes System aller eingeborenen Ideen; das wäre nach seiner Ansicht auch nicht möglich. Doch versteht er unter eingeborenen Ideen alle Wahrheiten, die wir aus uns selbst gewinnen können. Gemeint ist eine Naturanlage des Geistes, ein ursprüngliches Licht der Vernunft, das uns befähigt, in voller Klarheit und Deutlichkeit eine Einsicht zu vollziehen. Wenn dies geschieht, setzt es eine *»idea innata«* voraus. Dies betrifft vor allem drei Grundeinsichten: unter den wahren, mir eingeborenen Ideen »ist die erste und vorzüglichste die *Idee Gottes*« (Med. V, 11); überdies erfasse ich mich selbst in der Idee des »denkenden Dinges« (*res cogitans*) und jedes Ding der äußeren, sinnenhaft wahrnehmbaren Welt als »ausgedehntes Ding« (*res extensa*) (vgl. Princ. phil. I, 54).
Dieser Dreiheit ist gemeinsam, daß sie als »Substanzen« gedacht werden. Den *Begriff der Substanz* übernimmt Descartes aus der aristotelisch-scholastischen Tradition, definiert ihn aber auf neue Weise: »Unter Substanz können wir nichts anderes verstehen als

ein Ding, das so existiert, daß es zu seiner Existenz keines anderen Dinges bedarf« (*res quae ita existit ut nulla alia re indigeat ad existendum:* Princ. phil. I, 51). Damit ist streng genommen – per definitionem – der Substanzbegriff auf Gott allein, das schlechthin absolute Sein, eingeschränkt, allen endlichen Seienden aber ein substantielles Selbstsein abgesprochen. Die Folge wäre ein Substanzmonismus oder Pantheismus, wie ihn Spinoza daraus ableiten wird. Descartes selbst zieht diese Folgerung nicht, sondern fügt hinzu: »Als Substanz, die überhaupt keines anderen Dinges bedarf, kann nur eine einzige gedacht werden, nämlich Gott. Alle anderen aber können, wie wir einsehen, nur durch Gottes Mitwirken existieren.« Daher kommt der Begriff der Substanz Gott und den übrigen Dingen nicht univok zu, sondern in einem verschiedenen, also analogen Sinn. Endliche Substanzen werden nun definiert als »Dinge, die allein des Mitwirkens Gottes zur Existenz bedürfen« (*res quae solo Dei consursu egent ad existendum:* Princ. phil. I, 52). Damit ist zwar die pantheistische Konsequenz vermieden, aber eine andere kaum weniger folgenschwere Einengung gesetzt. Denn die geschaffene Substanz ist streng genommen – wieder: per definitonem – jedem wirkursächlichen, ihre Existenz mitbestimmenden Einfluß anderer Dinge entzogen. Das Einwirken der Dinge aufeinander, der ursächliche Zusammenhang im Geschehen der Welt ist ausgeschlossen, ob Descartes dies so meinte oder nicht. Damit ist aber bereits dem *Occasionalismus* von *Geulincx* und *Malebranche* der Ansatz geliefert, der jede Kausalität durch endliche Ursachen leugnet, und damit die Richtung gewiesen auf die prästabilierte Harmonie bei *Leibniz*, dessen Monaden »keine Fenster« haben, also nicht aufeinander einwirken, sondern von Gott in vorausbestimmte Harmonie gesetzt sind. Im Grunde definiert schon Descartes seine *»substantia creata«* als fensterlose Monade.

Im Bereich der geschaffenen Substanzen gibt es für Descartes zwei wesensverschiedene Regionen: die *Körperwelt* und die *Geisteswelt, »substantia corporea«* und *»substantia spiritualis«*. Daraus ergibt sich eine Dreiheit von Substanzen: die ungeschaffene (göttliche) und die geschaffene (endliche) Stubstanz, welche wieder entweder Materie oder Geist ist, *»res extensa«* oder *»res cogitans«*.

Diese Einteilung wurde geschichtsmächtig, sie findet nicht nur ihren systematischen Niederschlag in der Gliederung der philosophischen Disziplinen im Schulrationalismus von *Christian Wolff*, der die »Metaphysica specialis« in drei Fächer teilt: Kosmologie, Psychologie und Theologia naturalis, handelnd von der Welt (*res extensa*), von der menschlichen Seele (*res cogitans*) und von Gott (*substantia increata*). Sie kehrt auch wieder bei Kant, dessen Frage nach der Möglichkeit der Metaphysik in letzter Absicht die »Metaphysica specialis« im Sinne von Christian Wolff meint und auf die drei Ideen der reinen Vernunft: Welt, Seele, Gott, zurückführt, in denen überdies die cartesianische *»idea innata«* unverkennbar bleibt, wenngleich sie bei Kant kritisch reflektiert und auf eine bloß regulative Funktion reduziert wird.

### 2.123 Die Körperwelt

Zwischen *»res extensa«* und *»res cogitans«* besteht keine Gemeinsamkeit, außer, daß beide substantiell in sich bestehen. Ihre Verschiedenheit ist jedoch streng gegensätzlich bestimmt. Denn die Ausdehnung (*extensio*) macht das Wesen der Körperdinge aus, wie das Denken oder Bewußtsein (*cogitatio*) die Wesensbestimmung des Geistes ist. »Die Ausdehnung in die Länge, Breite und Tiefe bildet die Natur der körperlichen Substanz und das Denken macht die Natur der denkenden Substanz aus. Denn alles, was sonst dem Körper zukommen kann, setzt die Ausdehnung voraus und ist nur ein Zustand der ausgedehnten Sache; ebenso ist alles, was man im Geiste antrifft, nur ein besonderer Zustand des Denkens« (Princ. phil. I, 53). Daraus folgt für Descartes jedoch, daß die Körperwelt rein *quantitativ*, in den Bestimmungen ihrer Ausdehnung, zu erfassen ist. Dies bedeutet einen grundsätzlichen Wandel des Denkens. Für die gesamte Tradition seit der klassischen Metaphysik der Antike bis zur Scholastik des Mittelalters gab es inhaltlich bestimmte Formen, die der Materie Wesen und Gestalt verliehen, sowohl die Wesensformen, die das substantielle Sein des Dinges bestimmten, als auch akzidentielle Formen, welche die weitere Beschaffenheit des Dinges betrafen. In der aristotelisch-scholastischen Kategorienlehre war die *»quantitas«* die erste der akzidentellen Bestimmungen des Körperdinges, dem jedoch die *»qualitas«* und weitere Bestimmungen folgten. Jetzt bei Descartes wird die *»exten-*

*sio«* zum Wesen des Dinges. Es ist nicht mehr qualitativ, sondern nur noch quantitativ bestimmt. Nur die Ausdehnung und was damit gegeben ist, also Gestalt, Gewicht, Bewegung usw. sind real, nämlich nur dasjenige, was sich auf quantitative Bestimmungen zurückführen und exakt mathematisch erfassen läßt. Alle übrigen Eigenschaften oder Sinngehalte des Dinges scheiden aus.

Dies entspricht der Denkweise der neuen Naturwissenschaft, die durch Anwendung der mathematischen Methode ihre großen Erfolge erzielt hatte. Schon Kepler hatte gesagt: *»Ubi materia ibi geometria«*, und Galilei hatte diese Methode konsequent ausgebaut. Aber von Descartes stammt die philosophisch-erkenntnistheoretische Begründung. Diese liegt in seinem *Wahrheitskriterium* der *»idea clara et distincta«*. Nur was klar und deutlich erfaßt wird, kann als gesicherte Wahrheit gelten. Nun haben wir aber im Gesamtbereich der materiellen Welt nur von der Ausdehnung und den damit gegebenen quantitativen, mathematisch faßbaren Größen klare und distinkte Ideen, so von geometrischen Figuren und ihren Gesetzen, von arithmetischen Zahlenverhältnissen, von der Bewegung, insofern sie ein mechanisches, exakt meßbares und mathematisch faßbares Geschehen der Ortsveränderung ist und streng physikalischen Gesetzen des freien Falles, der Beschleunigung usw. unterliegt. Das ist der Bereich der *»idea clara et distincta«* von der Körperwelt. Dies zeigt nicht nur, wie Descartes das Kriterium der Wahrheit hier anwendet, es zeigt auch umgekehrt, wie er dieses Kriterium zuvor schon verstanden hat. Die Klarheit und Deutlichkeit der Idee steht von vornherein unter dem Wissenschaftsideal *mathematischer Exaktheit*, die allein Gewißheit verbürgt. Alle übrigen Bestimmungen, seien es Wesensgestalten oder Sinngehalte, finale Bezüge oder sinnlich wahrnehmbare Eigenschaften des Dinges, können diese scharf mathematische Klarheit und Deutlichkeit nicht erreichen. Sie entsprechen also nicht dem Kriterium der Gewißheit, müssen deshalb aus wissenschaftlicher Betrachtung ausscheiden.

Damit wurde Descartes zum philosophischen Begründer der neuzeitlichen Naturwissenschaft, die sich methodisch auf die rein quantitative Betrachtung mit Ausschluß qualitativer Bestimmungen und allein auf rein kausale Erklärung im Sinne bloß mechanischer Übertragung von Bewegungsenergien mit Ausschluß eines finalen Sinngeschehens beschränkt. Die Begründer der modernen Naturwissenschaft, Kopernikus und Kepler, aber auch Galilei, waren sich der methodischen Selbstbeschränkung bewußt. Nur aufgrund dieser Beschränkung sind die Exaktheit neuzeitlicher Naturwissenschaft und damit ihre ungeheuren Leistungen und Fortschritte bis heute zu erklären. Aber man muß sich dessen bewußt bleiben, daß es eine *methodische Abstraktion* ist, welche die Fülle der Wirklichkeit nicht einzuholen vermag. Dies wurde immer wieder vergessen, fordert aber heute mehr denn je auch in der Naturwissenschaft selbst neben der mathematischen auch eine morphologische Betrachtung und Erforschung der Wirklichkeit, also neben der quantitativen auch eine qualitative Sichtweise, vor allem, wo es um die Erfassung der Sinngestalten und des Sinngeschehens des Lebens geht.

Das *Lebendige* ist nun auch der Bereich, in dem sich die Grenze cartesianischen Denkens am schärfsten zeigt. Die Formen des Lebens, der Pflanzen und Tiere, sind für ihn reine *»res extensae«*. Auch das Tier, weil es kein geistiges Bewußtsein hat, also nicht *»res cogitans«* ist, fällt allein in den Bereich der ausgedehnten Körperwelt, ist daher wie alle übrigen Körperdinge rein quantitativ-mechanistisch zu erklären. Das Tier ist eine bloße Maschine, durch rein mechanisches Geschehen bestimmt. Aber auch der menschliche Leib ist eine mechanisch funktionierende *»res extensa«*, wenn auch durch Wechselwirkung an den Geist, die *»res cogitans«*, gebunden. Von hier aus ist es kein weiter Schritt zu dem universellen Materialismus und Mechanizismus, wie ihn ein Jahrhundert später mit ausdrücklicher Berufung auf Descartes ein Lamettrie in dem berühmten Werk *»L'homme machine«* (1748) formulieren wird.

### 2.124 Der Mensch

Für Descartes freilich ist der Mensch nicht nur *»res extensa«*, sondern auch und primär *»res cogitans«*. Damit steht aber sein Menschenbild unter einem scharfen *Dualismus*. Denn zwischen dem Wesen des Geistes, der *»cogitatio«*, und dem Wesen des Körpers, der *»extensio«*, besteht völlige Verschiedenheit; sie stehen im Gegensatz zueinander. So verbinden sich im Menschen wesensverschiedene Realitäten, in ihm begegnen sich gleichsam zwei völlig verschiedene Welten, und es stellt sich die Frage, wie sie überhaupt zur Einigung kommen. Jedenfalls ist es keine *»unio substantialis«* mehr, wie sie in der aristotelisch-thomistischen Tradition verstanden wurde und die darauf beruht, daß die geistige Seele *»forma corporis«*, also das formende, innerlich wesensbestimmende Prinzip ist, das den Körper zu einem lebendigen menschlichen Leib konstituiert. Es ist vielmehr eine losere, nur auf gegenseitiger Einwirkung beruhende Verbindung zweier wesensverschiedener, jeweils selbständiger Substanzen.

Auch damit nimmt jedoch Descartes eine alte Traditionslinie wieder auf, die von Platon über Augustinus führt. Schon bei *Platon* war die Menschenseele, den ewigen Ideen zugeordnet, selbst ideenartig, also der Sphäre des Geistigen und Ewigen zugehörig. Wenn auch in einen materiellen Leib verbannt, ist ihre Aufgabe, sich aus den irdischen und leiblichen Bindungen zu befreien, um ihr eigentliches, rein geistiges Wesen wieder zu erlangen. Hier ist – auf dem mythologischen Hintergrund des frühen Griechentums – der Dualismus des Menschenbildes grundgelegt. Er wurde zwar von Aristoteles im Kern überwunden, hat aber dennoch sehr weit nachgewirkt, besonders bei *Augustinus,* der das Verhältnis zwischen Leib und Seele auch als Verbindung zweier getrennter Substanzen versteht, die in dynamischer Einheit wechselseitiger Einwirkung verbunden sind. Diese Auffassung bleibt in der augustinisch orientierten Tradition des frühen und hohen Mittelalters vorherrschend, während durch Thomas von Aquin die aristotelische Lehre von der substantiellen Einheit zu neuem Durchbruch kam. Descartes nimmt jedoch die platonisch-augustinische Lehre nicht nur wieder auf, sondern verschärft sie in einer völlig neuen Weise, nämlich durch den scharfen, allgemein metaphysischen Dualismus von »res cogitans« und »res extensa«. Hier werden es zwei vollkommen verschiedene Seinsordnungen, die sich nur gleichsam an einem Punkt berühren.

Zwar betont auch Descartes, daß der Mensch sich als *Ganzheit* erfährt, die aber aus dem Körper und dem Geist »zusammengesetzt« ist, welche darin »sehr eng verbunden« sind. Es gibt also eine gegenseitige Durchdringung von Leib und Seele; nur dadurch sind Empfindungen und Gefühle zu erklären. Aber es sind nicht wie in der scholastischen Lehre Teilsubstanzen, die, seinsmäßig aufeinander bezogen, die Einheit der Vollsubstanz des Menschen ausmachen. Es sind vielmehr selbständige und wesensverschiedene Substanzen, die nur aufeinander einwirken. Die Einwirkung der Seele ändert nichts daran, daß der menschliche Leib wie jeder andere Körper ein rein mechanisch wirkender Automat ist, der höchstens von außen her durch den Willen der Seele gesteuert wird. Wenn Descartes zur Erklärung der *Wechselwirkung* annimmt, daß sich Leib und Seele an einem bestimmten Punkt berühren, gleichsam an einer Kontaktstelle, die er in der *Zirbeldrüse* annimmt, so folgt diese Theorie nicht konsequent aus seinen Prinzipien, sondern stellt einen Kompromiß mit der Erfahrung dar. Denn die prinzipielle und radikale Wesensverschiedenheit zwischen Körper und Geist macht eine gegenseitige Einwirkung im Grunde unmöglich, weil beide nichts miteinander zu tun haben, also auch nicht in Beziehung treten können. Dieser Einwand wurde schon zu Lebzeiten Descartes', vor allem von *Gassendi*, gemacht; Descartes kann ihn nur mit dem Hinweis auf die Erfahrung beantworten. Dasselbe Bedenken wird später zur Ausbildung des Occasionalismus führen und noch in der »prästabilierten Harmonie« bei *Leibniz* nachwirken.

Wie kommt aber Descartes zu dieser scharf dualistischen Erklärung des Menschen? Die Antwort muß wieder in dem Kriterium der »klaren und deutlichen Idee« liegen. Allein das mit rationaler Klarheit Faßbare und Unterscheidbare gilt ihm als wahr und gewiß. Das begriffliche Denken der mathematisch verstandenen Ratio »definiert«, es grenzt ab und unterscheidet. Gegenüber dem trennenden Unterschied tritt das Verbindende zurück, gegenüber der Abgrenzung entschwindet das Gemeinsame, der fließende Übergang zwischen Verschiedenem. Dadurch entgeht dem streng rationalen Begriff die Fülle, Lebendigkeit und Vielgestaltigkeit der Wirklichkeit. So wird auch die komplexe Fülle des Menschseins auf die klaren und distinkten Begriffe des Körperwesens und des Geistwesens gebracht, also nur die Wesensverschiedenheit rational erfaßt, aber das Gemeinsame, die lebendige Einheit und Ganzheit des Menschen übersehen. Geist ist reines Bewußtsein, alles übrige ist bloß Ausdehnung der Körperwelt. Es gibt keine Zwischenstufen, keine qualitative Bestimmung und Gliederung der materiellen Wirklichkeit, erst recht keine innere Lebenskraft und kein Lebensprinzip, sondern nur tote, quanitativ bestimmte und mechanisch wirkende Materie.

 Der Dualismus des cartesianischen Menschenbildes hat in der

Neuzeit folgenschwer nachgewirkt. Er hat dem »Leib-Seele-Problem« eine neue Schärfe gegeben und zu einer Fülle von Theorien der Wechselwirkung oder des Parallelismus, aber auch zu einer materialistisch-mechanistischen Auffassung auf der einen Seite und einer spiritualistisch-idealistischen Auffassung auf der anderen Seite geführt – ein Gegensatz, der erst in unserer Zeit im Blick auf die lebendige, aber differenzierte Ganzheit des Menschen langsam überwunden wird.

## 2.13 Rückblick

Was hat Descartes zum »Vater der neueren Philosophie« gemacht? Seine Bedeutung liegt vor allem darin, daß bei ihm zum erstenmal ein streng *methodisches Denken* einsetzt. Descartes ist der erste Denker in der Geschichte der Philosophie, der von einem kritisch gesicherten Ansatz her in methodischem Vorgehen das ganze System der Philosophie aufzubauen versucht. Dieses Ideal des methodisch bestimmten Systems bleibt im neuzeitlichen Denken gültig, im Rationalismus wie im Empirismus, bei *Kant* wie im deutschen Idealismus. Auch dann noch, als *Hegels* »absolutes System« und damit überhaupt die Idee eines philosophischen Universalsystems fragwürdig wird, bleiben Methodenprobleme für das philosophische Denken fundamental. Verschiedene Richtungen der Philosophie kennzeichnen sich bis heute vorzüglich durch ihre Methodenbestimmung. Positivismus und Sprachanalyse, Phänomenologie und Dialektik sind ebenso wie Rationalismus und Empirismus reine Methodenbegriffe. Das Methodenbewußtsein philosophischen Denkens hat seinen Urheber in Descartes.
In der Methodenfrage vollzieht sich weiter, nicht minder kennzeichnend für neuzeitliches Denken, die *Wende zum Subjekt*, das heißt: die Reflexion auf den erkennenden Menschen selbst. Während die Philosophie des Altertums und des Mittelalters als vorwiegend objektives Denken bezeichnet werden kann, insofern sie der objektiven Wirklichkeit zugewandt sind, setzt in der Neuzeit ein subjektives Denken ein. Schon Humanismus und Renaissance hatten eine Wende zum Menschen gebracht. Der Mensch in dieser Welt mit seinen natürlichen Kräften und Fähigkeiten tritt in den Vordergrund. Dennoch kommt es im philoso-

phischen Denken nicht zu einer Reflexion auf den ganzen und lebendigen Menschen. Das Wort »Anthropologie« stammt zwar aus dem 16. Jahrhundert, bleibt aber noch lange eine unerfüllte Forderung. Denn im philosophischen Raum verengt sich die Frage nach dem Menschen zur Frage nach dem Subjekt, nach dem reinen *»Ich denke«*. Der Grund dafür liegt in der kritisch-methodologischen Reflexion, die auf das erkennende Subjekt zurückweist und in ihm den ersten, unmittelbar gesicherten Ausgangspunkt des Denkens vorfindet. Dies wird zum Ansatz des neuzeitlichen Subjektivismus, sei es in der Form einer Selbstbeschränkung der Erkenntnis auf die subjektive, daher relative Erscheinung, sei es in der Absolutsetzung des Subjekts, das idealistisch zum absoluten Ich oder absoluten Subjekt wird. In beiden Fällen tritt das reine, allein sich selbst gewisse Subjekt in den Mittelpunkt.

Die Wende zum Subjekt geschieht aber in einer Weise, die durch den *Verlust des Seins* gekennzeichnet ist. *Heidegger* spricht von »Seinsvergessenheit«. Sicher trifft dieses Urteil nicht die ganze Tradition philosophischen Denkens, wohl aber auf weite Strecken das rationalistische und empiristische Denken. Je weniger das Denken im Sein begründet ist, je weniger es sich bedingt erfährt durch das vorgegebene, umgreifende und übersteigende Sein, je weniger also seine Gewißheit verwurzelt und gesichert ist im Sein, um so mehr ist es zurückgeworfen auf sich selbst, auf die reine Subjektivität. Allein in sich selbst will es alle Wahrheit finden und aus sich selbst begründen. Das Subjekt wird zum Absolutpunkt seines Wissens, das allein aus der Immanenz des reinen »ego cogitans« entfaltet werden soll. Schon bei Descartes gibt es keine reale Seinserfahrung, die Wahrheit begründet sich allein in der subjektiven Evidenz der klaren und distinkten Idee. Das Denken will allein aus der vernunftimmanenten Idee alle Erkenntnis entfalten. Es ist nicht mehr vom Sein her bedingt und bestimmt; es zieht sich zurück in die reine Subjektivität.

Dies führt zu *Gegensätzen*, die schon bei Descartes auseinanderbrechen und sich in der Folgezeit auswirken werden. So treten Begriff und Erfahrung auseinander, da die Erfahrung zweifelhaft geworden ist und der Begriff nicht mehr in der Erfahrung gründet, sondern aus der Immanenz des reinen Denkens stammt. Ebenso treten Geist und Materie in Gegensatz zueinander, da sie nach ihrem rational unterscheidenden Begriff durch gegensätzliche Attribute bestimmt sind und keine Gemeinsamkeit mehr zeigen. Schließlich treten auch Verstand und Wille insofern auseinander, als sich mit dem Rationalismus ein eigenartiger Voluntarismus verbindet, der alle Wahrheit, auch die »ewigen Wahrheiten«, in der freien Willkürsetzung Gottes begründet sieht und deshalb die Sicherung der Erkenntnis durch die Wahrhaftigkeit Gottes erfordert.

Dem liegt zugrunde, daß Descartes kein umfassendes Sein mehr kennt. Er stellt keine Seinsfrage und hat keinen Seinsbegriff. Sein Denken ist nicht Metaphysik des Seins, sondern reine Wesensphilosophie. Er dringt nicht mehr vor zum Sein, in dem alle Wesenheiten und Wesensgesetze begründet wären. Das Sein ist nicht mehr die analoge Einheit und Gemeinsamkeit, die aller Wesensverschiedenheit zugrundeliegt. Ohne diesen gemeinsamen Grund brechen aber die Gegensätze auseinander, ohne wieder zur Einheit zu kommen. Es sind Gegensätze, um deren Überwindung und Einigung das ganze Denken der Neuzeit ringen wird. So gibt Descartes dem neuzeitlichen Denken zentrale Themen und Probleme mit auf den weiteren Weg.

Schon bald, noch zu Lebzeiten des Philosophen, wurde seine Bedeutung erkannt. Seine Schriften waren rasch weit verbreitet, sie fanden ebenso begeisterte Aufnahme wie heftige Gegnerschaft. Schon 1642 wurde der Unterricht cartesianischer Philosophie in Utrecht untersagt, 1648 in Leyden und 1656 durch staatliches Verbot in ganz Holland. 1663 wurden die Schriften von Descartes von der Kirche auf den Index der verbotenen Bücher gesetzt, obwohl der Philosoph ausdrücklich seine Lehre der Autorität des Glaubens und der Kirche unterworfen hatte (vgl. Princ. phil. IV, 207). Trotzdem setzte sich seine Philosophie bald in breiten Kreisen durch, erst in Holland, besonders durch *A. Geulincx,* bald auch in Frankreich durch den Übersetzer und Herausgeber cartesianischer Werke *C. Clerselier,* sowie die Logik von Port Royal *(A. Arnauld* und *P. Nicole);* sogar die Bischöfe *Bossuet* und *Fénelon* waren Anhänger von Descartes. In Deutschland wurde cartesianisches Denken besonders durch *Joh. Clauberg* bekannt. Unter den zahlreichen Gegnern von Descartes steht bei weitem an erster Stelle *Blaise Pascal.*

## 2.2 Pascal

*Blaise Pascal,* geboren 1623 in Clermont, befaßt sich schon früh mit Mathematik und Physik; er schreibt mit 16 Jahren ein Werk über die Kegelschnitte. Anfangs tief beeindruckt vom cartesianischen Denken, wird er bald zum heftigsten Gegner des Rationalismus. Dies steht im Zusammenhang mit seiner religiösen Entwicklung. 1646 erfährt Pascal seine »erste Bekehrung«. Er kommt in Kontakt mit Port Royal, dem Zentrum des Jansenismus in Frankreich. Sein Pessimismus in der Bewertung der menschlichen Natur, sein Rigorismus und Asketismus wirken tief auf ihn ein. 1653 wendet er sich ganz dem religiösen Leben zu. 1654 hat er ein entscheidendes Erlebnis, seine »zweite Bekehrung«: eine innere Erleuchtung mystischer Art, die er in dem »Memorial« schriftlich festgehalten hat. In der Folgezeit 1655–1657 lebt er verborgen in Port Royal. Aus dieser Zeit stammen die »Lettres provinciales« (1656/57), worin er sich mit sarkastischer Schärfe gegen die laxe Moral der Jesuiten wendet. Von 1657 an stellt er jede weitere Polemik ein, kehrt nach Paris zurück und arbeitet, schon schwer erkrankt, an einem großen apologetischen Werk, das eine Darstellung des christlichen Glaubens gegenüber dem Geist des Humanismus und des Rationalismus werden sollte. Das Werk kam über Bruchstücke nicht hinaus, die nach seinem Tod als »Pensées« veröffentlicht und weit bekannt wurden. Schon 1662 ist Pascal im Alter von 39 Jahren gestorben.

Pascal ist nicht reiner Philosoph, sondern vor allem religiöser Denker. Doch finden sich in seinen Schriften, besonders den »Pensées«, Grundzüge eines philosophischen Systems. Darin geht es ihm aber nicht um theoretische Spekulation, sondern um das konkrete Leben, nicht allein um wissenschaftliche Erkenntnis, sondern um die ganze menschliche Existenz. Diese sieht Pascal in der natürlichen und übernatürlichen Gesamtwirklichkeit, die sich nicht allein dem natürlich menschlichen Denken, sondern erst dem übernatürlich-christlichen Glauben voll erschließt. Erst der Mensch, der christlich aus dem Glauben lebt, ist für ihn voller Mensch. Hierin setzen sich bei Pascal Gedanken des *Augustinus* fort: Erst der Theologe ist der wahre Philosoph; über der Wissenschaft steht die Weisheit, die sich in der Liebe erfüllt. Pascal will die Inhalte konkret menschlicher Gesamterfahrung zur Geltung bringen, um die Enge des Rationalismus zu sprengen.

## 2.21 Verstand und Herz

Descartes hatte nur die rationale Schärfe begrifflichen Denkens von mathematischer Exaktheit anerkannt und die ganze menschliche Erkenntnis darauf zurückzuführen versucht. Diesen Geist mathematisch-rationalen Denkens weist Pascal in die Schranken. Er hat zwar seine Berechtigung, aber nur auf dem Gebiet mathematischer und physikalischer Erkenntnis. Doch gibt es weitere Bereiche der Wirklichkeit, die nur einer anderen, tieferen und volleren Erkenntnisweise zugänglich werden. Gegenüber dem bloßen Verstand *(raison)* gibt es ein höheres Vermögen, das Pascal Herz (*coeur*), auch Gefühl und Instinkt nennt.

Damit ist nicht nur der Gegensatz zwischen rationalem Erkennen und irrationalem Fühlen gemeint. Denn Pascal schreibt dem »Herzen« auch die Erfassung der ersten Prinzipien zu, die in jeder rational-deduktiven Erkenntnis vorausgesetzt werden. Damit rückt die Zweiheit in die Nähe des klassischen Begriffspaares von Verstand und Vernunft, das schon auf Platon und Aristoteles zurückgeht, als *»ratio«* (Verstand) und *»intellectus«* (Vernunft) bei Thomas aufgenommen wird und in die folgende Tradition bis Kant und Hegel eingeht. Dabei wird immer wieder der »Verstand« als das logische, begrifflich rational vermittelnde Denken aufgefaßt, während die »Vernunft« das höhere Vermögen unmittelbarer Einsicht ist, dem sich das Sein und die Seinsgesetze erschließen; nur die Vernunft kann die endliche und gegenständliche Welt übersteigen und zum absoluten Seinsgrund vordringen. Gerade dem Rationalismus ist es jedoch eigen, die Vernunft auf den bloßen Verstand zu reduzieren und diesen auf mathematisch-rationales Denken einzuengen.

Diese Verengung will Pascal sprengen. Er unterscheidet einen *»esprit de géometrie«* und einen *»esprit de finesse«* (Pensées, ed. Brunschvicg 1). Der Geist mathematischen rational-deduktiven Denkens hat seine Berechtigung, aber nur in seinem spezifischen Bereich. Er wird überboten durch den Geist der Feinheit oder des Feinsinns, den schon die Erfahrung verlangt, wenn sie die feineren und differenzierteren Schichten der konkreten und lebendigen Wirklichkeit erfassen will. Für Pascal gibt es nicht nur das mathematisch Meßbare und Berechenbare, das geometrisch Konstruierbare; das heißt: es gibt nicht nur das quantitativ Bestimmbare, sondern auch eine qualitative Differenziertheit der Wirklichkeit. Pascal erkennt sehr scharf die methodische Abstraktion naturwissenschaftlichen Denkens, die aber rationalistisch absolut gesetzt wird.

Der »Geist der Feinheit« ist Sache des Herzens. Dieses wird verstanden als das Vermögen lebendig menschlicher Ganzheitserfahrung, in welcher sich eine intuitive Einsicht des Geistes mit instinktivem Gefühl, mit der Wahrnehmung des Herzens verbindet. Erst ihm erschließen sich tiefere, existentiellere Dimensionen der Wirklichkeit, die dem rational rechnenden Verstand nicht zugänglich sind. Diese höhere Erkenntnisweise ist erst voll menschliche, aber auch eigentlich geistige Erkenntnis. Ihr kommt die Erfassung menschlicher Werte zu, aber auch die Einsicht in die ersten Seinsprinzipien, die in aller rationalen Erkenntnis vorausgesetzt sind, erst recht die Erkenntnis des Unendlichen. Gott als die letzte und tiefste, für unser Dasein bedeutsamste Wirklichkeit ist nur dem Herzen erfaßbar.

Hierher gehört Pascals berühmtes Wort: *»Le coeur a ses raisons que la raison ne connait point«* (das Herz hat seine Gründe, die der Verstand gar nicht kennt: Pens. 277). Damit ist eine natürliche und spontane Gewißheit gemeint, die sich ihrer Gründe nicht reflex und rational Rechenschaft zu geben vermag. Darin mag ein gewisser irrationaler Zug liegen; doch ist er irrational nur im Gegensatz zum rationalistisch verengten, exakt rechnenden Denken. Das gilt besonders von der Gotteserkenntnis: *»C'est le coeur qui sent Dieu et non la raison«* (das Herz fühlt Gott und nicht der Verstand: Pens. 278). Gotteserkenntnis ist Sache des ganzen konkreten Menschen, nicht ein rationales Rechenexempel. Es gibt die lebendig religiöse Erfahrung Gottes, die sich im begrifflich rationalen Denken nie vollkommen einholen läßt. So ist denn für Pascal der Glaube allein Sache des Herzens. Er kann nicht rational bewiesen werden, sondern muß ganzheitlich-menschlich vollzogen werden. Dann wird er zur inneren Erfahrung. Aber erst im Glauben findet der Mensch ganz sich selbst. Allein auf sich gestellt ist der Mensch ein Torso, erst im Glauben erreicht er seine volle Wirklichkeit.

 Sicher liegt dem eine Sicht des menschlichen Daseins zugrunde, die von tiefem Pessimismus getragen ist. Pascal sieht den Menschen in einer tragischen Zerrissenheit: zwischen Wissen und Nicht-Wissen, zwischen Gewißheit und Zweifel, zwischen Vernunft und Leidenschaft, zwischen dem Guten und dem Bösen, zwischen Größe und Elend des Menschen. Diese Zwiespältigkeit des Menschen läßt ihn seine Hilflosigkeit erkennen, aus der ihn nur die Erlösung durch Christus befreien kann; nur auf dem Weg über Christus kann er zu Gott finden.

Damit stellt sich Pascal nicht nur in Gegensatz zum Erkenntnisideal des Rationalismus, sondern noch tiefer und grundsätzlicher in Gegensatz zur Überschätzung des Menschen im Humanismus und in der Renaissance. Nicht klassisch-harmonische Vollendung des Menschen in seinen natürlich-menschlichen Kräften, wie sie der Humanismus verkündet hatte, sondern Zwiespalt, Gebrochenheit, Nichtigkeit der menschlichen Natur; nicht stolze Selbstbehauptung und Selbstentfaltung des Menschen, wie sie der Renaissance eigen sind, sondern Selbsterniedrigung, Selbstvernichtung des Menschen, wenn er sich allein auf seine natürlich-menschlichen Kräfte stützt. Immer wieder betont Pascal *»la misère de l'homme«*, das Elend, die Kleinheit und Nichtigkeit des Menschen.

### 2.22 Mensch und Gott

Der tragische Pessimismus in der Sicht des Menschen bei Pascal ist jedoch durch den Glauben erlöst. Natur und Verstand des Menschen sollen in ihre Grenze verwiesen, aber nicht endgültig gebrochen werden. Denn trotz seiner Nichtigkeit steht dem Menschen eine Unendlichkeit offen. »Was ist der Mensch in der Natur? Ein Nichts gegenüber dem Unendlichen, ein Alles gegenüber dem Nichts, eine Mitte zwischen nichts und allem« (Pens. 72). Aus sich selbst ist der Mensch nichts, er kann sich selbst nicht begreifen noch vollenden, er bleibt als Mensch *»un monstre incompréhensible«* (ein unbegreifliches Monstrum: Pens. 420). Trotzdem ist er durch Gott über sich selbst hinausgehoben. Pascal sieht den Menschen in seiner natürlichen und übernatürlichen Gesamtwirklichkeit; erst als Christ ist er voller Mensch. Daher die Dialektik des menschlichen Daseins, das nur im Hinausgehen über sich selbst sein eigenes Wesen erreichen und

verwirklichen kann: *»L'homme passe infiniment l'homme«* (Der Mensch übersteigt unendlich den Menschen: Pens. 434). Sicher steht hier unter dem Einfluß des Jansenismus eine gewisse Abwertung der Natur und des natürlichen Verstandes des Menschen dahinter. Natürlich-menschliches Sein und Erkennen werden verkürzt zugunsten der Alleinwirklichkeit der Gnade und des Glaubens. Insofern bildet Pascal das Gegenextrem zum Humanismus und Rationalismus. In mancher Hinsicht verfällt er, als gewichtige Korrektur gegenüber dem Geist seiner Zeit, in gegensätzliche Einseitigkeit.
Aus Pascals Natur- und Vernunftpessimismus folgt, daß es für ihn eine philosophisch-rationale Gotteserkenntnis nicht geben kann. Tatsächlich ist ihm *Gott unerkennbar:* »Wenn es einen Gott gibt, so ist er ein unendlich unbegreiflicher; denn da er keine Teile oder Grenzen hat, steht er in keinem Verhältnis zu uns. Wir sind also weder fähig zu erkennen, was er ist, noch ob er ist. Da dies so ist, wer wird es wagen wollen, diese Frage zu entscheiden? Wir nicht, da wir in keinem Verhältnis zu ihm stehen« (Pens. 233). Diesem Gedanken liegt die Auffassung der Wahrheit als *»adaequatio«* (Übereinstimmung) zugrunde. Da wir in keinem Verhältnis der Übereinstimmung (*rapport*) zu Gott stehen, sondern ein unendlicher Abstand uns von ihm trennt, können wir Gott auch nicht in Wahrheit erkennen. So lehnt Pascal Gottesbeweise ausdrücklich ab. Sie sind nutzlos, weil es besser ist, sich im Glauben dem Gott der Offenbarung zu eröffnen und sein Wort hinzunehmen. Sie sind sogar gefährlich, weil man sich damit begnügt, Gott rational zu erkennen, und der Glaube seine Bedeutung zu verlieren droht, in dem sich jedoch erst die volle Wahrheit Gottes erschließen kann. Gottesbeweise sind überdies unvernünftig, nicht sinnvoll und zielführend, weil sie uns kalt lassen, unser Herz nicht bewegen, keine lebendig religiöse Erfahrung vermitteln. Die Ablehnung philosophischer Gotteserkenntnis geschieht also bei Pascal aus dem Anliegen, um so ausschließlicher auf den Glauben an die Offenbarung zu verweisen.
Trotzdem finden sich in Pascals Schriften verschiedene Ansätze zu einem philosophischen *Gottesbeweis.* Vor allem soll der häufig wiederkehrende Gedanke zu Gott führen, daß der Mensch sich selbst nicht genügt, daß er nicht notwendig, nicht vollkommen, nicht unendlich ist, sondern wesentlich über sich selbst

hinausweist auf den notwendigen, unendlichen Gott. »Ich fühle, daß ich auch nicht existieren könnte; denn das Ich besteht in meinem Denken« – übrigens ein streng cartesianischer Gedanke: *ego cogitans* –, »also ich, der denkt, wäre nicht vorhanden ... also bin ich kein notwendiges Wesen. Ich bin auch nicht ewig oder unendlich. Aber ich sehe wohl ein, daß es in der Natur ein notwendiges, ewiges und unendliches Wesen gibt« – *»un être necessaire, éternel et infini«* (Pens. 469). Dies ist ein Gedanke, der in seinem Kern auf den klassischen Kontingenzbeweis zurückgeht.

In einem anderen Gedankengang wird mehr spezifisch augustinisches Erbgut aufgenommen. Wenn wir ewige Wahrheiten – bei Augustinus *»veritates aeternae«* – in unserem Denken und in den Dingen vorfinden, wie unwandelbare logische, mathematische, metaphysische Gesetze, Wesensverhältnisse usw., so müssen diese fundiert sein in einer ersten Wahrheit, der »ewigen Wahrheit selbst«, nämlich in Gott. »Gibt es nicht eine substantielle Wahrheit, wenn man so viele wahren Dinge sieht, die nicht die Wahrheit selbst sind?« (Pens. 233). Trotz seines Vernunftpessimismus, der einem Irrationalismus nahekommt, nimmt Pascal also mancherlei Elemente aus der klassischen Tradition auf, um damit einen Weg zu Gott zu eröffnen, wenn er sie auch nicht als Gottesbeweise systematisch durchführt, sondern sich mehr mit Hinweisen begnügt. Besonders begegnen uns hier augustinische Gedanken, die in anderer Weise schon bei Descartes wirksam waren, aber von neuem, in radikalisierter Form, im folgenden Ontologismus und Occasionalismus wiederkehren.

### 2.3 Malebranche

Es ist üblich geworden, die Philosophie von *Malebranche* als *Ontologismus* zu bezeichnen. Doch ist das streng genommen ein Anachronismus, weil dieser Name erst im 19. Jahrhundert aufkam. Er bezeichnet eine Richtung katholischer Philosophie, die besonders von *V. Gioberti* (1801–1852) und *G. C. Ubaghs* (1800–1872) vertreten wurde; auch *A. Rosmini-Serbati* (1797–1855) steht dieser Denkrichtung nahe, kann ihr aber nicht ohne Vorbehalt beigezählt werden. Dieser Ontologismus beruft sich vielfach auf Malebranche und nimmt ihn für sich in Anspruch. Das geschieht insofern mit Recht, als das Grundprinzip gemeinsam ist: Das ontologisch Erste muß auch das Ersterkannte sein, die Erkenntnisordnung muß der ontologischen Ordnung entsprechen; daher der Name »Ontologismus«. Der Grundgedanke stammt in dieser Form von Malebranche.

Doch muß sein Ontologismus in engstem Zusammenhang gesehen werden mit dem *Occasionalismus,* der jede Eigentätigkeit des Geschöpfes, also auch die Eigenerkenntnis des Menschen, aufhebt in Gott, der in der menschlichen Erkenntnis und in allem geschöpflichen Handeln die einzige Ursache ist. Ontologismus und Occasionalismus sind aber eine konsequente Auswirkung des rationalistischen Ansatzes bei Descartes, der hier jedoch von neuem mit spezifisch augustinischem Gedankengut verbunden wird. Problemgeschichtlich ist es eine bemerkenswerte Zwischenstufe zwischen Descartes und Spinoza. Wenn hier die menschliche Erkenntnis und das geschöpfliche Wirken schon hineinverflüchtigt werden in Gottes Alleinwirksamkeit, so wird Spinoza den letzten Schritt vollziehen und alles endliche Sein aufheben in die Alleinwirklichkeit Gottes.

Nicolas Malebranche, geboren in Paris 1638, studierte Philosophie und Theologie, trat 1660 in das von Kardinal Berulle gegründete Oratorium ein und wurde 1664 zum Priester geweiht. Im Pariser Oratorium wurde er mit dem Geistesgut des Augustinus vertraut. Erst später (1668) lernt er die Philosopie Descartes' kennen; er studiert sie gründlich, nimmt sie aber nicht ohne kritischen Vorbehalt an. Aus der Verbindung augustinischen Geistes mit cartesianischen Elementen entsteht sein System, das er zuerst in dem Werk »De la recherche de la vérité« in zwei Bänden (1674/75) herausgibt. Es folgen weitere Schriften, darunter besonders »Entretiens sur la Métaphysique et sur la Réligion« (1688), worin er seine Lehren nochmals klarer und ausgereifter darstellt. Er stirbt in Paris 1715 infolge der Erregung über ein philosophisches Gespräch mit dem anglikanischen Bischof und Philosophen Berkeley, der in mancher Hinsicht ähnlich, jedoch von völlig anderen Voraussetzungen her dachte als Malebranche.

Sowohl in der Erkenntnislehre als auch in der Ursachenlehre vollzieht sich hier eine Verflüchtigung des Endlichen in das Unendliche, des Geschöpfes in Gott. In der Erkenntnis- oder

Ideenlehre bedeutet dies Ontologismus, in der Ursachenlehre Occasionalismus.

## 2.31 Ideenlehre

Descartes hatte die geistige Erkenntnis von der Erfahrung gelöst und allein in der Immanenz rationaler Einsicht begründet. Das Kriterium ihrer Wahrheit und Gewißheit ist die »idea clara et distincta«, die allein im reinen Denken gründet und ihre letzte Sicherung in der Wahrhaftigkeit Gottes findet. Malebranche sieht die Fragwürdigkeit dieser Letztbegründung ein. Eine Einsicht des Geistes ist in sich selbst evident, braucht daher keine weitere Sicherung. Was ist aber diese »idea clara et distincta«, die eine unzweifelhafte Gewißheit unserer Erkenntnis vermittelt? Malebranche antwortet: Es ist eine intuitive Idee, in der wir unmittelbar die schöpferische, urbildhafte *Idee im Geiste Gottes* erfassen. Der erste, unmittelbare Gegenstand unserer Erkenntnis ist also das unendliche Wesen Gottes selbst, in dem wir die Wesenheiten aller endlichen Dinge erschauen, nämlich durch Teilnahme an der schöpferischen Erkenntnis Gottes, die alle endlichen Wesenheiten als Urbilder der Dinge dieser Welt entwirft.

Damit wird die cartesianische *»idea clara et distincta«* verbunden mit der augustinischen *»veritas aeterna«*, die einer *»illuminatio intellectus«* durch Gott entstammt. Das Kriterium der Evidenz wird von Descartes übernommen, aber der Umweg über die Wahrhaftigkeit Gottes zur Sicherung ihrer Gültigkeit ist nicht mehr erforderlich, wenn diese Idee nicht mehr meine menschliche Idee, sondern im Geiste Gottes ist. Dadurch ist ihre Wahrheit unbedingt garantiert. Schon bei Descartes war der Begriff zur Idee geworden. Es gibt nicht mehr den abstrakten, aus der Erfahrung gewonnenen Begriff, sondern nur noch die urbildhafte, den Dingen vorgängige, also apriorische Idee. Malebranche geht einen Schritt weiter. Bei Descartes waren die Ideen noch Denkinhalte unseres menschlichen Geistes, wenn auch eingeborene, von Gott unserem Verstand eingepflanzte Ideen. Für Malebranche sind sie nicht mehr menschliche, sondern unmittelbar göttliche Ideen. Denn ein endlicher Verstand kann gar nicht Subjekt der Ideen sein. Die Idee eines Körperdinges, allgemeiner die Idee der Ausdehnung als des Wesensattributs der Körper, kann gar nicht ein Inhalt unseres Denkens sein, weil das Geistwesen einfach und unausgedehnt ist. Ebenso ist es unmöglich, daß ein endlicher Geist die Idee Gottes als der unendlichen Fülle aller Ideen in sich trägt; dazu müßte er selbst unendlich sein.

Daraus folgt für Malebranche, daß die Ideen nicht mehr Gedanken unseres menschlichen Denkens, sondern urbildhafte Ideen im Geiste Gottes sind. Sie sind nicht Begriffe unseres Geistes, sondern ontologische Ideen, in denen die Dinge in der Fülle ihrer Wirklichkeit präsent sind. Dies bedeutet nicht die sinnlich-materielle Realität des Dinges, sondern die schöpferisch-urbildhafte Idee Gottes, der das Ding in seiner realen und konkreten Fülle entwirft.

Wir aber nehmen an dieser Schau der Ideen im Geiste Gottes teil, wir sehen daher alles in Gott: *»Nous voyons toutes choses en Dieu«* (Rech. III, 2, 6). Dies bedeutet, daß wir die Ideen Gottes selbst erschauen, nämlich dadurch, daß Gott unserem Geiste unmittelbar und innerlich gegenwärtig ist. So haben wir zwar eine Anschauung Gottes, sogar, wie Malebranche sagt, der göttlichen Substanz (substance divine), aber nicht wie Gott in sich selbst ist und sich selbst schaut, sondern nur in seiner Beziehung zu den Geschöpfen, das heißt: wie Gottes Wesen von endlichen Dingen abgebildet und partizipiert werden kann, insofern Gott das Urbild und der Möglichkeitsgrund aller endlichen Dinge ist.

Darin liegt der wesentliche Unterschied zwischen dieser Ideenschau und der Gottesschau im Jenseits. In diesem Leben haben wir eine natürliche *Schau der Ideen in Gott*; sie kommt uns durch die Natur unseres Geistes zu, und in ihr besteht das auszeichnende Wesen des Geistes. Wir erfassen Gott nicht in sich selbst, sondern nur als den Ort der Ideen, an denen wir teilnehmen, nicht aber wie im Jenseits in seinem eigenen unendlichen Wesen. Für diese Auffassung beruft sich Malebranche auf Augustinus, geht damit aber weit über ihn hinaus. Augustinus spricht zwar davon, daß ein göttliches Licht unserem Geiste eingestrahlt wird, das uns die »ewigen Wahrheiten« mitteilt, nicht aber, daß wir unmittelbar im Geiste Gottes seine eigenen schöpferischen Ideen schauen.

Trotzdem liegt dieser Auffassung, so gewaltsam sie auch erscheinen mag, ein echtes *Problem* zugrunde, nämlich wie die geistige

Erkenntnis des Menschen zustande kommt. Unter der Voraussetzung Gottes als des absoluten und schöpferischen Ursprungs aller Dinge ist die Erkenntnis Gottes, der alles von seinem Ursprung her durchschaut, leichter begreifbar als die endliche Erkenntnis des Menschen, der nicht produktiv, sondern rezeptiv, nicht ursprunghaft, sondern hinnehmend erkennt. Dieses Problem will der Ontologismus durch eine unmittelbare Teilhabe an der schöpferischen Schau Gottes lösen. Doch scheint die Unterscheidung zwischen einer Schau Gottes und einer Schau der Ideen in Gott sehr fragwürdig. Wie können wir die Ideen Gottes erkennen, ohne Gott selbst zu erkennen? Und wie ist dies zu vereinen mit unserer Erfahrung einer endlichen, an die Sinne gebundenen Erkenntnis, die keine urbildhafte Klarheit und Vollkommenheit besitzt? Der Hintergrund dieser Ideenlehre wird jedoch erst offenbar, wenn wir sie im Zusammenhang der Ursachenlehre verstehen.

### 2.32 Ursachenlehre

Wie in der Erkenntnislehre Malebranches die eigenmenschliche Erkenntnis aufgehoben wird in die Erkenntnis Gottes selbst, so wird – allgemeiner – in der Ursachenlehre alles endliche, geschöpfliche Wirken aufgehoben in die *Alleinwirksamkeit Gottes.* Wie es keine eigenmenschliche Erkenntnis mehr gibt, so auch keine echte Eigenwirksamkeit endlicher Dinge. Wirkursächlichkeit kommt Gott allein zu. Die geschaffenen Dinge sind nicht eigentlich »causae efficientes«, sondern nur noch »causae occasionales«, das heißt: sie bieten den Anlaß dafür, daß Gott unmittelbar in ihnen wirkt; daher der Name Occasionalismus.
Hierzu liegen schon bei *Descartes* deutliche Ansätze vor. Erstens darin, daß das Wesen des Körpers durch die Ausdehnung bestimmt ist. Bloße Ausdehnung (extensio) ist aber ein statisches, passives Attribut. Aus der Ausdehnung als solcher folgt keinerlei Aktivität oder Produktivität. So kommt auch den Körpern keine Ursächlichkeit im Wirken aufeinander zu, sondern nur die Aufnahme und Weitergabe kinetischer Energien, also der bloßen Kraft lokaler Bewegung, ohne daß diese Energie dem Eigenwirken des Körpers entspringt. Das Körperding bleibt innerlich passiv; es wirkt nicht selbst, sondern wird nur bewegt durch

Energien, die von außen auf es einwirken. Dadurch ist im materiellen Bereich jede echte Wirkursächlichkeit ausgeschaltet.
Dazu kommt bei Descartes zweitens der Dualismus zwischen »res extensa« und »res cogitans«. Zwischen Körper und Geist besteht ein völliger Gegensatz, auch im Menschen keine substantielle Einheit beider. Leib und Seele gehören völlig verschiedenen Seinsweisen an, sie stehen einander völlig beziehungslos gegenüber, so daß auch keine Einwirkung zwischen Leib und Seele metaphysisch möglich ist. Wenn Descartes trotzdem eine Wechselwirkung annimmt, so ist das im Grunde ein inkonsequenter Kompromiß mit der Erfahrung, der jedoch seinen eigenen Prinzipien widerspricht. Diese Inkonsequenz wird schon von einigen früheren Cartesianern aufgehoben, so etwa bei *Joh. Clauberg* (1622–1665), der die Theorie der Wechselwirkung verwirft und dafür eine unmittelbare Einwirkung Gottes annimmt. Nicht die Seele wirkt auf den Körper, sondern Gott allein bewirkt anläßlich eines menschlichen Willensentschlusses die entsprechende Regung oder Bewegung des Leibes.
Ein dritter, noch grundsätzlicherer Ansatz liegt in der Cartesianischen Definition der Substanz: *»res quae nulla alia re indiget ad existendum«*. Wenn bei Descartes diese Definition abgewandelt und ausgeweitet wird auf die endliche Substanz als *»res quae solo Dei concursu indiget ad existendum«*, so ist damit zwar ein Substanzmonismus vermieden, wie ihn Spinoza vertreten wird, aber ein Occasionalismus deutlich vorbereitet. Jede außergöttliche, also geschaffene Ursache, die einen bestimmenden Einfluß auf die Substanz ausüben könnte, ist – per definitionem – ausgeschaltet. Produktive Aktivität ist allein dem Wirken Gottes vorbehalten. Die endlichen Dinge werden zum bloßen Anlaß (*occasio*) unmittelbar göttlichen Wirkens.
Diese Konsequenz des cartesianischen Ansatzes wird zunächst vom Niederländer *Arnold Geulincx* (1624–1669) gezogen, der das System des Occasionalismus begründet. Malebranche nimmt die Lehre auf, entwickelt sie im Zusammenhang seiner Ideenlehre weiter und verschafft ihr breitere Auswirkung. Er sagt in aller Klarheit: »Es gibt keinen Bezug der Kausalität von einem Körper auf einen Geist. Was sage ich? Es gibt auch keinen von einem Geist auf einen Körper. Ich behaupte noch mehr: es gibt auch keinen von einem Körper auf einen Körper, noch von einem Geist auf einen anderen Geist« (Entret. IV, 11). Jeder wirk-

ursächliche Zusammenhang der Welt ist aufgehoben. »Es ist Gott, der in uns wirkt« (*C'est Dieu qui agit en nous:* Rech. II, 6). Das bedeutet, daß Gott die allgemeinen Naturgesetze in seine Schöpfung hineingelegt hat und daß er sie im Einzelfall anwendet, indem er selbst nach diesen Gesetzen in den Dingen wirkt. Die jeweiligen Zustände oder Verhältnisse der Dinge bilden nur die »occasio« für ein entsprechendes, jedoch unmittelbares Wirken Gottes. Die endlichen Dinge werden so zu rein passiven Objekten des göttlichen Wirkens.

Daraus ergibt sich vor allem die Frage nach der Möglichkeit menschlicher Freiheit. Ist unser Handeln noch frei, wenn Gott allein wirkt? Darauf antworten die Occasionalisten: Auch die freie Entscheidung ist als aktives Geschehen ein göttliches Wirken in uns. Aber der Wille bleibt frei, insofern er sich enthalten kann, seinen Neigungen und Motiven zu folgen. Es gibt also nur eine negative Freiheit, nicht zu handeln, keine positive Freiheit, die Handlung zu setzen; nur die Fähigkeit, den Akt zu suspendieren, nicht aber ihn zu produzieren. Dies ist sicher keine volle Lösung, weil auch das Nicht-Wollen ein positiver Willensentschluß ist, nämlich als Entscheidung, nicht zu handeln; wird aber auch dieser Akt auf Gott zurückgeführt, so ist die Freiheit endgültig aufgehoben.

Doch ist diese radikal scheinende Auffassung durchaus nicht neu. Schon im Mittelalter hatte es ähnliche Vorstellungen gegeben, die besonders durch den Emanationsgedanken des Neuplatonismus nahegelegt waren. Vor allem durch den jüdischen Philosophen *Avicebron* gewann eine occasionalistische Auffassung an Boden. Schon Thomas von Aquin hatte sich damit auseinandergesetzt, die Eigenständigkeit und Eigenwirksamkeit der *»causae secundae«* betont. Nicht dadurch werde Gott als *»causa prima«* größer und vollkommener gedacht, daß man den Geschöpfen alles Wirken abspricht und ihm allein zuerkennt. Vielmehr erscheine das göttliche Wirken um so größer und mächtiger, wenn auch geheimnisvoller, je größer die Schöpfung Gottes ist und je mehr eigene Kräfte und Fähigkeiten er den Kreaturen gegeben, sie nicht nur in ihre Eigenwirksamkeit, sondern – den Menschen – sogar in ihre eigene Freiheit freigegeben hat.

## 2.4 Spinoza

Die Entwicklung von *Descartes* über *Geulincx* und *Malebranche* findet bei *Spinoza* ihren konsequenten und radikalsten Abschluß. Das endliche Erkennen und Wirken war schon aufgehoben, hineinverflüchtigt in die Alleinwirksamkeit Gottes. Nicht der Mensch selbst erkennt, sondern er nimmt nur teil an der schöpferischen Idee Gottes. Nicht die endlichen Dinge selbst wirken, sondern Gott allein wirkt in ihnen. Spinoza geht einen Schritt weiter, indem er das selbständige Sein der Dinge aufhebt in die Alleinwirklichkeit der einen absoluten, göttlichen Substanz. So begründet er einen strengen Substanzmonismus, somit die schärfste Form eines Pantheismus, die wir in der ganzen Geistesgeschichte kennen und die auf alle späteren Formen eines pantheistischen Denkens, etwa im deutschen Idealismus, entscheidenden Einfluß nimmt.

Baruch Bento Despiñoza (in latinisierter Namensform: Benedictus de Spinoza) wurde 1632 in Amsterdam geboren. Er stammt aus einer jüdischen Familie, die aus Portugal nach Holland ausgewandert war. Der junge Spinoza studiert die jüdische Philosophie und Theologie des Mittelalters, auch kabbalistische Schriften; er lernt später Latein und Griechisch, studiert auch scholastische Philosophie und kommt sowohl mit dem niederländischen Protestantismus als auch, besonders durch seinen Lehrer Franz van den Enden, mit dem beginnenden Geist der »Freidenker« in Berührung. Seine Auffassungen entfernen sich immer mehr von der jüdischen Orthodoxie; 1656 wird er feierlich aus der Synagoge ausgeschlossen und gebannt. In der Folgezeit widmet sich Spinoza ganz dem Studium der cartesianischen Philosophie und der Ausbildung seines eigenen Systems. Er lebt an verschiedenen Orten Hollands, bei Amsterdam, später in Rijnsburg und schließlich in Den Haag. Er führt ein zurückgezogenes, anspruchsloses Leben. Nebst einer kleinen Rente verdient er seinen Unterhalt durch Glasschleiferei. Um unabhängig zu bleiben, lehnt er eine Berufung an die Universität Heidelberg ab. Er stirbt an Tuberkulose im Jahre 1677.

Seine wichtigsten Werke sind: »Renati Descartes principia philosophiae more geometrico demonstrata«, Amsterdam 1663; »Tractatus theologico-politicus«, Hamburg 1670 (weitere Auflagen noch zu seinen Lebzeiten). Erst nach seinem Tode kamen weitere Werke in den »Opera posthuma«, Amsterdam 1677, heraus; darunter besonders: »Ethica ordine geometrico demonstrata« (das eigentliche Hauptwerk Spinozas, das zur Grundlegung der Ethik seine ganze Metaphysik enthält); »Tractatus politicus« und »Tractatus de intellectus emendatione«. Erst viel später aufgefunden und veröffentlicht wurde der »Tractatus de Deo et homine eiusque felicitate«, Halle 1852.

Das Denken Spinozas ist nicht allein aus einer geradlinigen Fortentwicklung des Rationalismus zu erklären. Denn die inhaltliche Grundkonzeption scheint weitgehend unabhängig vom rationalistischen Ansatz entscheidenden Einflüssen der jüdischen Tradition zu entstammen, während die streng methodische Durchführung »more geometrico« durch den Rationalismus bestimmt ist. Mit der jüdischen Tradition, die auf Spinozas Denken einwirkt, ist nicht sosehr die Theologie der Synagoge gemeint, als vielmehr die jüdische Mystik der Kabbala, worin manche Gedanken schon deutlich vorgebildet sind: die Immanenz Gottes in der Welt und die Allbeseeltheit des Universums. Eine verbreitete kabbalistische Schrift »Die Himmelspforte« hatte schon gelehrt, es gebe eigentlich nicht eine Vielheit von Substanzen, sondern nur eine einzige Substanz mit unendlich vielen Eigenschaften. Dazu kam der Einfluß der jüdischen Philosophie des Mittelalters, besonders von *Ibn Gebirol* (*Avicebron*, 1020–1070), der in seiner Schrift »Fons vitae« (Lebensquelle) von neuplatonischen Emanationsgedanken her eine occasionalistische Auffassung vertritt. Die Eigenwirksamkeit der endlichen Dinge ist aufgehoben in die Alleinwirksamkeit Gottes. Daraus zieht Spinoza die letzte Konsequenz in seinem pantheistischen System, dessen methodische Durchführung jedoch streng rationalistisch ist. Das mathematische Ideal des Denkens – logisch-rationale Deduktion aus ersten Begriffen und Axiomen – wird hier in letzter Konsequenz zur Geltung gebracht.

## 2.41 Grundlagen des Systems

### 2.411 Mathematische Methode

Schon *Descartes* hatte seinen Meditationen ein Kapitel beigefügt, in dem »Gedanken zum Beweis des Daseins Gottes und der Verschiedenheit der Seele vom Körper nach geometrischer Methode geordnet« entwickelt werden. Er geht hier von Definitionen aus, läßt Postulate und Axiome folgen, aus denen wieder Lehrsätze (propositiones) abgeleitet werden. Bei Descartes ist das jedoch nur ein beiläufiger Versuch auf wenigen Seiten, nicht die eigentliche Form, in der er seine Gedanken entwickelt. Spinoza greift aber diesen Ansatz auf und macht daraus eine strenge Methode, mit welcher er die cartesianischen »Principia philosophiae« zur letzten, nämlich mathematischen Klarheit und Konsequenz bringen will und darüber hinaus, vor allem in der »Ethik«, sein eigenes System *»more geometrico«* entwickelt. Das wissenschaftliche Ideal ist die euklidische Geometrie. Nach diesem Vorbild stellt Spinoza erst einige Definitionen von Grundbegriffen auf, es folgen Axiome, die sich aus diesen Grundbegriffen ergeben, und daraus werden streng deduktiv alle weiteren Erkenntnisse abgeleitet, die in Lehrsätzen (propositiones) formuliert werden.

Dies ist jedoch nicht eine beliebige, der Sache äußere Methode; vielmehr macht sie schon sehr weitreichende philosophische *Voraussetzungen.* Sofern Spinoza überhaupt an die Erfahrung anknüpft – was zumeist nicht geschieht –, so ist die Erfahrung nicht die Quelle der Erkenntnis, sondern höchstens deren äußere Bedingung. Anläßlich der Erfahrung leuchten uns erste Einsichten in rationaler Klarheit und Unmittelbarkeit auf. Ursprung der Erkenntnis ist das reine, immanent sich vollziehende Denken, das aus evidenten Grundeinsichten in rationaler Deduktion zu weiteren Erkenntnissen fortschreitet. Dies setzt eine strenge *Parallelität* zwischen der Denkordnung und der Seinsordnung voraus. Die ontologische Ordnung spiegelt sich vollkommen ab in unserem logischen Denken; das ontologisch Erste muß auch das Ersterkannte sein, das seinsmäßig Abkünftige muß auch in unserem Denken von ersten Prinzipien ableitbar sein.

Das setzt weiter voraus, daß die gesamte Wirklichkeit von logisch-mathematischer *Notwendigkeit* beherrscht ist, daher auch das scheinbar kontigente Geschehen durch apriorische Notwendigkeit bestimmt ist und abgeleitet werden kann. Das reale Geschehen, das durch vielfältige Beziehungen zwischen Ursache und Wirkung bestimmt ist, wird auf einen logisch notwendigen Zusammenhang von Grund und Folge zurückgeführt. Dies bedeutet, daß für die freie Handlung und das kontingente Geschehen kein Raum mehr bleibt, sondern alles einer notwendigen

Determiniation unterliegt. Wie sich aus dem Wesen des Dreiecks notwendig seine Winkelsumme ergibt, so folgt aus dem Wesen Gottes ebenso notwendig die Welt und alles, was in dieser Welt geschieht – ein Beispiel Spinozas, das im Für und Wider der Auseinandersetzungen von *Leibniz* bis zum späten *Schelling* immer wiederkehrt.

### 2.412 Grundbegriffe

Diese Vorentscheidungen, die in der Methode selbst impliziert sind, muß man im Blick behalten, wenn man im einzelnen den Gedanken Spinozas folgt. Zu Beginn der Ethik werden Grundbegriffe definiert; wir heben die systematisch wichtigsten heraus. Die erste Definition lautet: »Unter *causa sui* verstehe ich das, dessen Wesen die Existenz in sich schließt, oder das, dessen Natur nur als existierend begriffen werden kann« *(id, cuius essentia involvit existentiam, sive id, cuius natura non potest intelligi nisi existens:* Eth. I Def. 1). Der Begriff der »causa sui« – der begriffsgeschichtlich weit zurückreicht und eine reiche Tradition besitzt – wird von Spinoza als Begriff des ersten, göttlichen Prinzips eingeführt. Damit ist nicht eine Selbstverursachung gemeint, die in sich widersprüchlich wäre, sondern die aufgrund seiner Wesenheit notwendige Existenz des absolut Seienden; dies entspricht dem Grundgedanken des anselmianischen Arguments, das Descartes wieder aufnahm und im ganzen Rationalismus weiterwirkt: das Wesen Gottes schließt seine Existenz ein, kann also nur als existierend gedacht werden.

Metaphysisch grundlegend sind ferner die Definitionen der Substanz, des Attributs und des Modus, übrigens Begriffe, die Spinoza wieder von Descartes übernimmt, jedoch auf neue Weise definiert. Unter *Substanz* versteht er »das, was in sich ist und durch sich begriffen wird, das heißt: das, dessen Begriff nicht des Begriffes eines anderen Dinges bedarf, von dem her er gebildet werden müßte« *(id, quod in se est et per se concipitur, hoc est id, cuius conceptus non indiget conceptu alterius rei a quo formari debeat:* Eth. I, Def. 3). Damit lehnt sich Spinoza einerseits an die scholastische Formel des *»ens in se«* oder *»ens per se«* als Bezeichnung der Substanz an, andererseits an die cartesianische Definition der Substanz als »etwas, das keines anderen Dinges zur Existenz bedarf«. Diese Formulierung wird aber durch Spinoza derart ins Logische gewendet, daß sich daraus eine strenge Parallele zwischen Sein und Denken ergibt. Wenn es »in sich« ist, muß es auch rein »aus sich« begriffen werden. Die Definition als solche sagt jedoch noch nichts darüber aus, wie dieses »In-sich-Sein« zu verstehen ist. Erst aus der Anwendung des Begriffes in der weiteren Argumentation wird klar, daß es allein im Sinne der einen absoluten, göttlichen Substanz gemeint ist, daß also – scholastisch ausgedrückt – das *»ens in se«* (Substanz) schon als *»ens a se«* (absolutes Sein Gottes, nach Spinzoa *»causa sui«*) verstanden wird.

Unter einem *Attribut* der Substanz versteht Spinoza »das, was der Verstand an der Substanz als deren wesenskonstitutives Merkmal erfaßt« (*id quod intellectus de substantia percipit tamquam eius essentiam constituens:* Eth. I, Def. 4). Es ist also eine Eigenschaft oder ein Merkmal, das die Wesenheit der Substanz konstitutiert. So hat für Spinoza die eine göttliche Substanz unendlich viele Attribute, aber wir können nur zwei Attribute erfassen, nämlich das Denken (*cogitatio*) und die Ausdehnung *(extensio)*, entsprechend der cartesianischen Zweiheit »res cogitans« und »res extensa«, die jedoch in die Einheit der göttlichen Substanz als deren Wesensattribute zurückgenommen werden.

Schließlich wird der *Modus* bestimmt als »die Affektion der Substanz oder das, was in einem anderen ist, durch das es auch begriffen wird (*substantiae affectiones sive id, quod in alio est, per quod etiam concipitur:* Eth. I, Def. 5). Damit nimmt Spinoza die scholastische Definition des Akzidens als eines *»ens in alio«* auf, das heißt: einer Eigenschaft oder Bestimmung, die einem anderen, nämlich der Substanz, zukommt. Durch den Zusatz *»per quod etiam concipitur«* wird jedoch wieder die Parallele zwischen Sein und Denken deutlich. Wenn der Modus (oder das Akzidens) der Substanz »inhäriert«, die Substanz also das seinsmäßig Primäre gegenüber dem Modus ist, so muß dieser aus der Substanz, nicht die Substanz aus ihrem Modus begriffen werden. Nun gibt es aber für Spinoza nur die eine göttliche Substanz. Daher werden alle endlichen Dinge ihrer Substantialität beraubt, sie werden zu bloßen Modi oder Akzidentien der göttlichen Substanz, scholastisch ausgedrückt: Wie das »ens in se« als »ens a se« verstanden wird, so wird das »ens in alio« (Akzidens) als »ens ab alio« (Geschöpf) verstanden. Die endlichen Dinge sind demnach Ausdrucksweisen, Entfaltungs- oder

Offenbarungsweisen der göttlichen Substanz, nicht aber substantiell in sich bestehende Wesen.

### 2.42 Gott und Welt

#### 2.421 Die göttliche Substanz

Daraus ergibt sich schon, daß Gott als das ontologisch Erste auch das Ersterkannte sein muß und daß alles ontologisch Sekundäre – die Welt der Modi Gottes – rein rational von daher ableitbar ist. Daher steht auch die Definition der »causa sui« am Beginn und enthält bereits den grundlegenden, für das rationalistische Denken entscheidenden *Gottesbeweis*, der später als ontologischer bezeichnet wird und aus dem Wesen Gottes auf sein Dasein schließt. Wenn das Wesen (*essentia*) selbst schon das Dasein (*existentia*) begrifflich einschließt, würde es sich selbst aufheben, wenn es nicht existierte; also muß Gott notwendig existieren. An sekundärer Stelle bringt Spinoza auch Gottesbeweise aus der Existenz endlicher Wesen, welche die Existenz Gottes voraussetzen. Vor allem aber kehrt hier der cartesianische Beweis aus der Idee des Unendlichen in unserem Denken wieder. Diese Idee finden wir faktisch in uns vor, sie kann aber keine andere adäquate Ursache haben als Gott selbst, dessen unendliche Wirklichkeit und Vollkommenheit dem unendlichen Gehalt der Idee entsprechen muß.

Der zentrale Gedanke der Metaphysik Spinozas ist jedoch der *Substanzmonismus:* Es gibt nur eine einzige, unendliche Substanz, welche »causa sui« ist. Folgen wir dem Beweisgang in seinen wichtigsten Schritten. »Eine Substanz kann nicht von einer anderen hervorgebracht werden« (Eth. I, Prop. 6). Wenn nämlich zwei Dinge nichts miteinander gemein haben, kann nicht die eine die Ursache der anderen sein. Ein kausales Einwirken setzt Gemeinsamkeit voraus. Schon damit geht Spinoza konsequent über Descartes hinaus, der trotz der Verschiedenheit der Attribute des Denkens und der Ausdehnung eine Wechselwirkung zwischen Leib und Seele angenommen hatte. Für Spinoza ist das grundsätzlich nicht möglich, weil zwischen ihnen keine ontologische Gemeinsamkeit besteht. Nun können aber zwei verschiedene Substanzen nichts miteinander gemein haben. Warum? Sie müßten dieselben Attribute haben. Zwei oder mehrere

Substanzen können aber nicht dasselbe Attribut haben, sonst wären sie nicht mehr zwei oder mehrere, sondern würden in Identität zusammenfallen. Dies folgt aus der strengen Parallele von Sein und Denken, aufgrund deren Spinoza nicht mehr unterscheiden kann zwischen formaler Gleichheit (einer Eigenschaft mehrerer Dinge) und realer Selbigkeit (eines identischen Dinges). Wenn aber zwei Dinge nicht dasselbe Attribut haben können, so folgt daraus, daß sie auch nicht aufeinander einwirken, daß erst recht nicht das eine das andere hervorbringen kann. Eine Substanz kann nicht durch eine andere verursacht sein, sie kann – nach ihrer Definition – nicht aus einer anderen, sondern muß allein aus sich selbst begriffen werden. Sie ist absolut und notwendig existierend, »causa sui«; ihr Wesen schließt die Existenz ein.

»Jede Substanz ist notwendig unendlich« (Eth. I, Prop. 8). Wäre sie endlich, so müßte sie durch eine andere Substanz mit demselben Attribut begrenzt sein. Nun kann es aber nicht mehrere Substanzen geben, die dasselbe Attribut besitzen. Also kann die Substanz in ihrem Attribut auch nicht begrenzt sein. Überdies bedeutet Begrenzung Abhängigkeit. Wenn die Substanz von keiner anderen Substanz kausal abhängig ist, kann sie auch nicht durch eine andere begrenzt werden. Hierzu bemerkt Spinoza, daß schon der Begriff der Substanz ausreicht, um ihre Unendlichkeit zu beweisen. Denn die Substanz als dasjenige, was aus sich ist und durch sich begriffen werden muß, ist wesentlich »causa sui«, also nicht von anderem abhängig, darum auch nicht begrenzt, sondern ein notwendig unendliches Wesen. Hier zeigt sich deutlich, was die eingangs aufgestellte Definition der Substanz eigentlich gemeint ist: als *»en a se«*, als absolutes, notwendiges und unendliches Wesen.

Daraus folgt: *»Gott ist die einzige Substanz«* (Eth. I, Prop. 14). Denn Gott ist unendlich, ihm kommen in unendlicher Einheit unendlich viele Attribute zu. Gäbe es außer Gott noch andere Substanzen, so könnten diese nicht andere Attribute haben als Gott selbst. Nun sind aber mehrere Substanzen mit demselben Attribut nicht möglich; sie würden in Identität zusammenfallen. Also gibt es keine Substanz außer Gott. Er ist die einzige, unendliche Substanz: »Außer Gott kann eine andere Substanz weder sein noch gedacht werden« (*Praeter Deum nulla dari vel concipi potest substantia*).

### 2.422 Die Notwendigkeit der Welt

Was folgt daraus für die endlichen Dinge? Sie sind nicht mehr substantiell in sich bestehend, sondern nur *Modi* oder Affektionen der einen unendlichen Substanz Gottes. Diese ist zunächst durch ihre Attribute bestimmt; sie konstituieren das Wesen Gottes. Alle weiteren Inhalte sind Modi, welche zur inneren Wesensbestimmtheit der göttlichen Substanz durch seine Attribute noch hinzutreten; sie entsprechen dem, was die Scholastik Akzidentien nennt. Die endlichen Wesen sind also Modi oder akzidentelle Bestimmungen Gottes. Wir kennen nur zwei Attribute der göttlichen Substanz, die sich in unserer Welt auslegen: »cogitatio« und »extensio«. Alle endlichen Dinge sind demnach entweder Modi des Attributs der »cogitatio«, dann sind sie denkende, also geistige Wesen, oder Modi des Attributs der »extensio«, dann sind sie ausgedehnte Körperwesen. Hier taucht die cartesianische Zweiheit wieder auf, jedoch als Zweiheit von Attributen zurückgenommen in die Einheit der göttlichen Substanz. Die endlichen Dinge sind also akzidentelle Weisen göttlicher Selbstentfaltung und Selbstoffenbarung.

Gott ist die Ursache seiner endlichen Modi, jedoch nicht im Sinne transeunter Kausalität, sondern rein *immanenter Kausalität.* Jene bedeutet ein Wirken, das etwas anderes als seine Wirkung hervorbringt, diese dagegen ein Wirken, das in sich selbst eine Wirkung setzt. In diesem Sinne wurde in der scholastischen Philosophie das Lebensgeschehen als *»actio immanens«* definiert und von der *»actio transiens«* unterschieden, welche sich auf anderes richtet. Diesen Begriff übernimmt Spinoza aus der Tradition und wendet ihn auf das Wirken Gottes an: »Gott ist immanente Ursache (causa immanens), nicht transeunte Ursache (causa transiens) aller Dinge« (Eth. I, Prop. 18). Wie also ein Lebewesen wirkend sich selbst gestaltet und wachsend entfaltet, so setzt auch Gott in sich selbst die endlichen Dinge als seine eigenen Modi, in denen er sein Wesen auslegt.

Diese Kausalität bedeutet aber, daß die Modi mit *Notwendigkeit* aus der göttlichen Substanz hervorgehen. Das gesamte Weltgeschehen ist hineingenommen in die innergöttliche Notwendigkeit. Alles, was in der Welt ist oder geschieht, ist durch absolute Notwendigkeit beherrscht. Es ist so notwendig wie Gott selbst. Dies folgt für Spinoza auch folgerichtig aus seinem mathematischen Denkschema. Das reale Verhältnis zwischen Ursache und

Wirkung wird nach Art eines logischen Verhältnisses von Grund und Folge gedacht. Ursache ist für ihn das, »woraus etwas begriffen werden kann«, nämlich so, daß aus einer klaren und distinkten Einsicht in die Ursache eine ebenso klare und distinkte Erkenntnis der Wirkung gegeben ist, die daraus folgt, wie in einer Schlußfolgerung aus den Vordersätzen mit logischer Notwendigkeit der Schluß folgt oder wie aus dem Wesen des Dreiecks mit logisch-mathematischer Notwendigkeit seine Winkelsumme folgt. Ebenso logisch notwendig folgt aus dem Wesen Gottes die endliche Welt mit allem, was in ihr geschieht.

Damit ist die absolute Notwendigkeit alles Geschehens ausgesprochen, ein zentraler Gedanke, der das ganze Denken Spinozas beherrscht. Es ist ein absoluter *Determinismus* des Weltgeschehens. Dann stellt sich aber die Frage, ob es noch im echten Sinn Freiheit geben kann, sei es eine freie Entscheidung des Menschen oder eine freie Schöpfung Gottes. Spinoza will dem Wort nach die Freiheit wahren. Er bezeichnet aber etwas als frei, »das allein aus der Notwendigkeit seiner Natur existiert und nur durch sich selbst zum Handeln bestimmt wird; notwendig dagegen oder besser gezwungen (coacta) ist ein Ding, das von einem anderen dazu bestimmt wird, auf gewisse Weise zu existieren und zu handeln« (Eth. I, Def. 7). Freiheit schließt demnach allein äußeren Zwang aus, nicht aber innere Notwendigkeit, welche dem eigenen Wesen entspringt und das Handeln von innen her determiniert. Im Gegenteil, gerade dies und nur dies bedeutet für Spinoza Freiheit: die absolute Determination des Handelns aus der Notwendigkeit des eigenen Wesens. In diesem Sinn ist Gott frei. Er ist nicht durch anderes gezwungen (*a nemine coactus*), sondern wirkt aus eigener Notwendigkeit. Und Gott allein ist frei, denn »Gott allein existiert und handelt aus der Notwendigkeit seiner Natur« *(ex naturae suae necessitate:* Eth. I, Prop. 17, corr. 2). Alle anderen Dinge sind im Sein und Handeln durch anderes bestimmt, nämlich durch Gott. Daher ist jede menschliche Freiheit aufgehoben.

Alles ist absolut notwendig, so notwendig wie Gott selbst. Also gibt es auch kein kontingentes Sein: *»nullum datur contingens«.* Die Dinge dieser Welt könnten von Gott nicht auf andere Weise hervorgebracht werden, als sie wirklich sind. Daraus folgt weiter, daß diese Welt nicht eine unter anderen möglichen Welten, sondern die absolut beste Welt ist, weil sie allein mit

Notwendigkeit aus dem unendlich vollkommenen Wesen Gottes folgt. Es ist ein absoluter Optimismus, den Spinoza vertritt und der in abgewandelter Form bei *Leibniz* wiederkehren wird. Er ist typisch für den Rationalismus, der hier jedoch bei aller mathematischen Strenge einem Irrealismus verfällt. Auch ist dieser Optimismus teuer erkauft: um den Preis unserer Freiheit. Sein Grund liegt im starren Determinismus. Alles geht unter in der Notwendigkeit des Geschehens. Diese Notwendigkeit beherrscht die Welt und das ganze Weltgeschehen, sie beherrscht auch den Menschen und sein Handeln, sie beherrscht sogar Gott, der nicht mehr als lebendiger und persönlicher Gott erscheint, nicht mehr als der Gott freien personalen Wollens und Liebens, sondern nur noch aus der strengen Notwendigkeit seines eigenen Wesens wirkt.

### 2.43 Leib und Seele

Der Mensch besteht auch für Spinoza aus Leib und Seele, auch für ihn, wie für Descartes, gehört der Leib als Körperding dem Bereich der *Ausdehnung* (extensio) an und die Seele als Geistwesen dem Bereich des *Bewußtseins* (cogitatio). Doch bedeutet dies für Spinoza nicht mehr eine letzte Dualität wie für Descartes, Ausdehnung und Bewußtsein sind vielmehr Attribute der einen göttlichen Substanz. Das göttliche Attribut der extensio besagt aber nicht, daß Gott selbst im eigentlichen Sinn (formaliter) ausgedehnt ist. Gott ist einfach und unendlich, daher ist auch die Ausdehnung als Attribut Gottes selbst einfach, unendlich, daher unteilbar, wohl aber der Grund dafür, daß sich das Wesen Gottes in einer formell ausgedehnten Welt entfaltet. Im eigentlichen Sinn, nämlich quantitativ ausgedehnt sind nur die einzelnen Modi der Ausdehnung; sie sind jeweils in ihrer Ausdehnung begrenzt. Diese *modi finiti* sind die Körperdinge. Dadurch aber, daß solche endlichen Modi aus dem göttlichen Attribut unendlicher Ausdehnung folgen und es auf akzidentelle Weise ausdrücken, wird das göttliche Sein nicht vermehrt oder bereichert. Allgemein gilt für Spinoza: *»omnis determinatio est negatio«*, jede Bestimmung eines Wesens liegt in seiner Begrenzung. Es ist ein endlicher Teilausschnitt aus der ursprünglichen Fülle göttlicher Unendlichkeit. Daher ist auch das endliche, extensiv begrenzte Wesen ein Teilausschnitt aus der virtuell unendlichen Ausdehnung Gottes und hebt sich durch die Negation weiterer Ausdehnung von anderen Körperdingen und ebenso von der unendlichen Ausdehnung Gottes selbst ab.

Der menschliche *Leib* ist als Körperding ein endlicher Modus des Attributs der Ausdehnung. Doch ist er verbunden mit der Seele, die als Geistwesen ein Modus des Attributs des Denkens (cogitatio) ist. Zwischen den verschiedenen Attributen besteht jedoch vollkommene Entsprechung: »Die Ordnung und Verknüpfung der Ideen ist dieselbe wie die Ordnung und Verknüpfung der Dinge« (*ordo et connexio idearum idem est ac ordo et connexio rerum:* Eth. II, Prop. 7). In der logischen Folge und Ordnung der Gedanken spiegelt sich daher vollkommen entsprechend die Folge und Ordnung der Dinge ab. Hier spricht sich wieder der strenge Parallelismus zwischen Denken und Sein aus sowie die Entsprechung des logischen Verhältnisses von Grund und Folge mit dem realen Verhältnis von Ursache und Wirkung.

Diese Entsprechung in unserem Denken ist aber nicht begründet in einer Einwirkung der Dinge auf unser Denken, etwa vermittelt durch die sinnenhafte Wahrnehmung. Denn es gibt kein Wirken des Körpers auf den Geist oder umgekehrt. Insofern denkt hier Spinoza folgerichtiger als *Descartes.* Trotzdem folgt für ihn kein letzter Dualismus, weil die Attribute der extensio und der cogitatio nicht in unvermitteltem Gegensatz stehen, sondern auf verschiedene Weisen die identische Substanz Gottes ausdrücken; die Zweiheit ist in die ursprüngliche Einheit Gottes aufgehoben. Daher besteht auch zwischen Leib und Seele als Modi der Ausdehnung und des Denkens ursprüngliche Identität, sie sind verschiedene Aspekte derselben Wirklichkeit: *»eadem est res, sed duobus modis expressa«.* Man hat dies später die Theorie psycho-physischer Identität genannt.

Was bedeutet das aber für Spinoza? Die *Seele* als Modus des Denkens besteht in einer Idee, deren Gegenstand der Körper als Modus der Ausdehnung ist. Alles, was im Körper geschieht, ist in der Idee des Körpers enthalten, wird also von der Seele wahrgenommen. Dazu gehören auch alle »Affektionen« des Körpers durch äußere Dinge. Diese Affektionen werden in der Idee des Körpers aufgefaßt und durch sie, insofern sie den eigenen Körper affizieren, werden auch die anderen Körperdinge wahrgenommen. Dies bedeutet jedoch nicht eine Einwirkung der Körper auf den Geist – sie wäre unmöglich –, sondern eine ursprüngliche Einheit, durch welche die körperliche Wirklichkeit sich in der Idee des Körpers reflektiert und der Seele zum Bewußtsein kommt. Daraus folgt jedoch nicht, daß die Seele eine adäquate Idee des Körpers und seiner Affektionen hat. Eine wahrhaft adäquate Idee bezieht sich allein auf Gott und begreift die Dinge aus Gott als ihrer ersten Ursache. Dies führt zur Unterscheidung zwischen adäquaten und inadäquaten Ideen; diese Unterscheidung wird grundlegend für die gesamte Affekten- und Sittenlehre Spinozas.

### 2.44 Ethik und Religion

Spinoza will die menschlichen Affekte, Triebe und Handlungen nach Art eines mechanischen, mathematisch faßbaren Geschehens betrachten, also eine Physik oder Mechanik des Seelenlebens aufstellen: »Ich will die menschlichen Handlungen und Triebe ebenso betrachten, als ob es die Untersuchung mit Linien, Flächen und Körpern zu tun hätte« – also *»more geometrico«*. Grundlegend dafür ist die Unterscheidung zwischen *adäquaten und inadäquaten Ideen*. Spinoza macht zunächst eine sehr einfache Unterscheidung: Eine Idee ist wahr und adäquat, wenn sie sich auf Gott bezieht; sie ist inadäquat, das heißt: sie kann auch falsch oder verworren sein, wenn sie sich auf die Seele des einzelnen Menschen bezieht. Damit ist gemeint, daß wir in der adäquaten Idee Gott selbst als die Ursache aller Dinge erfassen und diese als notwendige Folge aus ihrem absoluten Ursprung begreifen, das einzelne Ding oder Geschehen also nicht isoliert wahrnehmen, sondern aus dem notwendigen Gesamtzusammenhang aller Dinge verstehen. Eine inadäquate Idee dagegen ist eine solche, die nur den Gegenstand vorstellt, ohne ihn aus dem notwendigen Zusammenhang zu erfassen. Eine solche Idee haben wir von unserem Körper, seinen Affektionen und Einwirkungen anderer Körper. Diese Erkenntnis bleibt äußerlich, verworren, unvollkommen. Die adäquate Idee entstammt dem reinen Denken, insofern es mit Gott eins ist. Denn es ist die Idee Gottes selbst, die wir erfassen. Unsere Erkenntnis nimmt darin an der göttlichen Erkenntnis selbst teil. Je mehr wir Gott, den Ursprung aller Dinge, adäquat erfassen, um so mehr begreifen wir von ihm her, gleichsam im Lichte Gottes – *»sub specie aeternitatis«* – alle Dinge und Ereignisse dieser Welt. Nur von Gott her erschließt sich der notwendige innere Zusammenhang aller Dinge. Wenn der Mensch diesen Zusammenhang nicht von seinem Ursprung her erfaßt, nimmt er immer nur isolierte Ausschnitte der Wirklichkeit wahr, er erkennt nur einen Teil, nicht das Ganze, und den Teil nicht im Zusammenhang des Ganzen.

Daraus ergibt sich eine jeweils verschiedene Wirkung auf die Seele. Die adäquate Idee macht die Seele *aktiv,* die inadäquate Idee macht sie *passiv.* Solange sie den unmittelbaren Wahrnehmungen der Dinge hingegeben ist, bleibt sie gebunden an die äußere Einwirkung der Körperwelt. Die Tätigkeit der Seele bleibt dadurch gehemmt und beschränkt. Erst durch die adäquate Idee wird die Seele davon befreit, ihre Eigentätigkeit wird ausgelöst: »Die Handlungen des Geistes entspringen allein aus adäquaten Ideen, die Leiden (oder Leidenschaften: *passiones*) aber sind abhängig von inadäquaten Ideen« (Eth. III, Prop. 3).

Aus dieser Zweiheit folgt der Mechanismus der *Affekte.* Die Extreme wären reine Passivität und reine Aktivität. Wenn der Mensch völlig untergeht in der Einwirkung anderer Dinge, ist er rein passiv und den Leidenschaften unterworfen. Wenn er dagegen vollkommen frei wäre von solchen Einflüssen, wäre er rein aktiv und in seinem Handeln allein durch die geistige Wesenserkenntnis bestimmt. Diese Extreme sind aber nie voll verwirklicht, sondern wir leben in der Spannung zwischen aktivem und passivem Verhalten. Daraus entstehen die Affekte. Der Übergang zu größerer Aktivität erweckt Freude (*laetitia*), der Übergang zu größerer Passivität erweckt Trauer (*tristitia*). Aus diesen Grundaffekten entspringen weitere Affekte, die Spinoza im einzelnen ableitet.

Daraus ergibt sich aber die *sittliche Aufgabe,* sich von der Knechtschaft zu befreien, die Passivität zu überwinden und für die Aktivität des Geistes frei zu werden, also von inadäquaten Ideen zur adäquaten Idee der Dinge in Gott vorzudringen, nicht mehr durch äußere Einflüsse sich bestimmen zu lassen, sondern allein durch die Erkenntnis der Dinge in Gott und in ihrem notwendigen Zusammenhang von Gott her – *»sub specie aeternitatis«* – sich leiten zu lassen. Sinn und Ziel der Ethik ist also ein Befreiungsprozeß: aus der Bindung und Knechtschaft

durch die Affekte zu vernünftigem Handeln, das durch die Erkenntnis Gottes und aller Dinge von Gott her bestimmt ist.
Doch stellt sich hier die Frage, wie das in der Konsequenz des Systems möglich ist. Es gibt ja keine echte Freiheit des Menschen, vielmehr ist alles streng determiniert durch die Notwendigkeit Gottes selbst. Auch sittliches Handeln und sittlicher Fortschritt unterliegen derselben absoluten Notwendigkeit. Ist dann überhaupt noch Raum für eigene Entscheidung und Verantwortung, für Gut und Böse, Recht und Unrecht, wenn alles von vornherein aufgehoben ist in ein notwendiges Geschehen? Hier liegt ein innerer Widerspruch im Denken Spinozas; er wurde immer wieder zum zentralen Punkt kritischer Auseinandersetzung.
Die Ethik Spinozas ist aber im letzten *religiös* fundiert. Dies zeigt sich vor allem darin, daß er als das Ziel des menschlichen Strebens die Vereinigung der Seele mit Gott sieht. »Das höchste Gut der Seele ist die Erkenntnis Gottes« (*summum mentis bonum est cognitio Dei:* Eth. IV, Prop. 28). Sie ist zugleich die höchste Tugend. Denn die Erkenntnis Gottes bedeutet adäquate Idee der Dinge in Gott. Diese macht die Seele frei von Leidenschaften und zu wahrhafter, der Vernunfteinsicht folgenden Aktivität fähig. Diese wiederum ist begleitet von Freude, das heißt: von Liebe zur Ursache der Freude. Ursache der Freude ist aber Gott selbst. So definiert Spinoza den *»amor Dei intellectualis«*, die geistige Liebe zu Gott, als »Freude, begleitet von der Idee Gottes als der Ursache« (*laetitia concomitante idea Dei tamquam causa:* Eth. V, Prop. 32, Corr.). Diese Liebe zu Gott ist ewig, wie Gott selbst ewig ist. Denn sie ist Teilnahme an der göttlichen Selbstliebe, noch mehr: die Liebe Gottes zu sich selbst ist dasselbe wie die Liebe des Menschen zu Gott, wie auch unsere Erkenntnis Gottes dasselbe ist wie die Erkenntnis Gottes selbst – ein Gedanke, der im deutschen Idealismus wiederkehrt. In dieser geistigen Gottesliebe liegt für Spinoza auch die wahre Seligkeit. Diese besteht nicht in einem Lohn für die Tugend, sondern in der vollendeten Tugend selbst. Die höchste Tugend, darin zugleich die höchste Freude und Seligkeit ist aber der »amor Dei intellectualis«.

### 2.45 Rückblick

Spinoza hat ein philosophisches System von eindrucksvoller Geschlossenheit erstellt. *Inhaltlich* ist dieses Denken beherrscht von dem Grundgedanken des einen, absoluten und unendlichen göttlichen Seins, das allen Dingen zugrunde liegt. Dies ist die entscheidende Grundintuition Spinozas – ähnlich wie schon *Parmenides* beherrscht war vom Gedanken des einen, ewigen Seins oder *Plotin* vom Gedanken des ewigen Ur-Einen oder wie später das Denken des deutschen Idealismus, von *Fichte* über *Schelling* zu *Hegel*, das Absolute, das sich in allen Dingen entfaltet und offenbart, zum einzig wahren Inhalt der Philosophie macht. Einem solchen Denken kommt echte Größe und Tiefe zu, weil es zum Letzten, zum Unbedingten und Unendlichen vordringt, auch wenn es von diesem Letzten so gebannt und berauscht ist, daß alles Vordergründige zu entschwinden scheint und das endliche Seiende aufgehoben wird in dem einen absoluten Sein, das allein »alles in allem« ist. So wurde Spinozas System zum Prototyp des *Pantheismus* für die ganze neuzeitliche Philosophie.

Nicht minder eindrucksvoll ist das *formale* Element der Philosophie Spinozas: die strenge Konsequenz logisch-mathematischen Denkens, die ein geschlossenes System bedingt. Der neuzeitliche Systemgedanke erreicht hier einen ersten Höhepunkt, der nur noch durch Hegels »absolutes System« übertroffen wird. In der Gegenwart ist der Systemgedanke fragwürdig geworden. Vielfach wird ein fragmentarisches Problemdenken einem methodischen Systemdenken vorgezogen. Wenn aber Philosophie Wissenschaft sein will, muß sie systematische Konsequenz erstreben, wenn auch nicht in einem geschlossenen System, in dem wir endgültig alle Wahrheit zu besitzen glaubten, sondern in einem offenen System, das für weitere Probleme Raum beläßt. Sicher stellt sich die Frage, ob Spinozas System durch seinen rationalistischen Grundzug nicht zu starr, zu sehr in sich verschlossen ist, um der Wirklichkeit voll Rechnung tragen zu können.

Damit stoßen wir an die *Grenzen* und Mängel dieses Systems, die trotz seiner scheinbaren Strenge und Geschlossenheit deutlich hervortreten. Die inhaltliche Voraussetzung des Ganzen ist der Substanzbegriff, der einen absoluten Substanzmonismus begründet. Dieser Begriff der Substanz ist aber keineswegs philo-

sophisch erarbeitet aus einer Analyse substantiellen Seins, etwa der Substanzerfahrung im menschlichen Bewußtsein, sondern er wird willkürlich eingeführt. So aber ist die methodische Strenge des Systems nur eine scheinbare Strenge und Konsequenz, weil sie entscheidende Voraussetzungen macht, die nicht erwiesen werden.
Dasselbe gilt von der formalen Voraussetzung, nämlich der absoluten Notwendigkeit aller Dinge und alles Geschehens im Sinne eines logisch-mathematischen Zusammenhangs. Daraus folgt, daß es kein freies Wollen gibt, sondern nur ein notwendiges Geschehen nach Art logischer Deduktion, daß es auch keine echte Kausalität im Weltgeschehen gibt, sondern nur ein mathematisch notwendiges Folgeverhältnis, in dem alles aus dem Wesen Gottes resultiert. Auch dieses formale Element ist apriori vorausgesetzt, nicht aber bewiesen, bestimmt jedoch den Inhalt und das Ergebnis des ganzen Systems.
Dahinter steht deutlich das rationalistische Denkprinzip, das hier seine extremste Ausprägung erfährt. Das rationale, logisch-mathematische Denken wird absolut gesetzt, und alles übrige wird darauf zurückgeführt, dadurch aber in seiner Eigenständigkeit aufgehoben. Erfahrung, Willensfreiheit und Gefühlserleben gehen unter in einem mechanisch notwendigen Geschehen. Das Einzelne und Kontingente verliert die Eigenständigkeit seines Seins und Wirkens. Es wird aufgehoben in der einen göttlichen Substanz. Damit wird aber nicht nur das endliche Sein entwertet, sondern auch die Transzendenz und Unendlichkeit Gottes in Frage gestellt. Es ist ein weltimmanenter Gott, nicht mehr der absolut weltüberlegene Gott, es ist zwar ein letzter Weltgrund, aber kein lebendiger und personaler Gott, kein freier Schöpfergott, sondern nur das Prinzip notwendigen Geschehens. Dadurch ist aber schließlich sowohl dem sittlichen Handeln durch die Aufhebung der Freiheit der Grund seiner Möglichkeit entzogen, als auch das religiöse Verhalten gegenüber Gott verkürzt, weil es nicht mehr ein freies und personales Verhalten zum persönlichen Gott ist, sondern auf rationale Gotteserkenntnis zurückgeführt wird, die im »amor intellectualis« den Affekt der Freude hervorruft. Sosehr Spinozas Denken im Religiösen gründet und darin seine volle Entfaltung findet, wird es lebendiger religiöser Erfahrung doch nicht gerecht, weil man – wie *Heidegger* sagt – zur »Causa sui« nicht beten kann (M. Heidegger: Identität und Differenz. Pfullingen 1957, S. 70).

Anfangs hatte Spinoza wenig Freunde und Anhänger. Schon zu Lebzeiten wird gegen ihn der Vorwurf des Pantheismus und Atheismus erhoben. Erst später, im 18. Jahrhundert, gewinnt Spinoza größeren Einfluß, besonders durch den berühmten Briefwechsel zwischen *Jacobi* und *Mendelssohn* (1785). In der Folgezeit wirkt Spinoza bestimmend ein auf *Lessing*, auf *Herder*, der das System Spinozas als Theismus deuten will, auf *Goethe*, der sich zu Spinozas Naturpantheismus hingezogen fühlt, auf *Schleiermacher* und den deutschen Idealismus. *Fichte*, *Schelling* und *Hegel* stehen unter dem Eindruck Spinozas; wenn sich im idealistischen Denken ein mehr oder minder pantheistischer Zug durchhält, so entstammt dieser dem entscheidenden Einfluß Spinozas.
Sein größter und wirksamster Gegner wurde jedoch *Leibniz*. Wenn Spinoza auf der einen Seite der extremste und einseitigste Vertreter des Rationalismus ist, so ist Leibniz ein offener, ausgewogener, zur Synthese und Versöhnung der Gegensätze bereiter Denker, der zwar den rationalistischen Ansatz festhält, aber die extremsten Positionen Spinozas, den Pantheismus und Determinismus, zu überwinden sucht.

## 2.5 Leibniz

*Gottfried Wilhelm Leibniz* war einer der geistig führenden Männer seiner Zeit, ein ungewöhnlich begabter, vielseitig interessierter und ebenso vielseitig tätiger Mann, Jurist, Mathematiker, Historiker und Philosoph, mit allen bedeutenden Persönlichkeiten seiner Zeit in Briefwechsel und eine reiche wissenschaftliche, politische und religiöse Tätigkeit entfaltend. Er war ein zu offener und universaler Geist, um der Starre spinozistischen Denkens verfallen zu können. So kommt es gerade bei Leibniz zu einer *Synthese* zwischen dem rationalistischen Denken seiner Zeit und der Tradition platonisch-aristotelischer Metaphysik. Leibniz hält zwar den Ansatz rationalistischen Denkens fest, führt ihn aber in geistvoller Weise spekulativ und systematisch weiter.
Leibniz wurde 1646 in Leipzig geboren, wo sein Vater Notar und Professor für Moralphilosophie war. Schon sehr früh sind seine

wissenschaftlichen Interessen erwacht. Von 1661 an studiert er an der Universität Leipzig – dazwischen ein Semester in Jena – Philosophie und Rechtswissenschaft. 1663 verfaßt und verteidigt er die Abhandlung »De principio individui« und wird 1664 Magister der Philosophie. Danach setzt er das Studium in Altdorf bei Nürnberg fort und wird 1667 zum Doctor juris promoviert. In der Folgezeit ist er am Hof des geistlichen Kurfürsten von Mainz, *Johann Philipp von Schönborn,* als kurfürstlicher Rat tätig. So kommt er in Kontakt mit dem Katholizismus, für den er ein tiefes Verständnis gewinnt; hier liegt der Anstoß zu seinen Bemühungen um die Wiedervereinigung der christlichen Kirchen. Auch ist Leibniz in dieser Zeit vielfach politisch tätig. Er verfaßt mehrere politische Schriften, wird 1672 in diplomatischer Mission nach Paris an den Hof Ludwigs XIV. gesandt, reist von dort nach London und kommt in Verbindung mit *Newton.* Nach Paris zurückgekehrt, lernt er *Malebranche* kennen. 1673–1676 arbeitet er die Infinitesimalrechnung aus, die er fast gleichzeitig mit Newton erfindet. 1676 trifft er in Den Haag mit *Spinoza* zusammen. In demselben Jahr kommt Leibniz nach Hannover, wo er nun bis ans Lebensende, noch vierzig Jahre lang, im öffentlichen Dienst als Beamter wirkt, daneben aber eine vielfache Tätigkeit ausübt. Verschiedene Reisen führen ihn nach Paris, London, Wien, Berlin und Rom. Er bemüht sich um die Organisation der wissenschaftlichen Arbeit, gründet die Zeitschrift »Acta eruditorum« (1684, ab 1691 mit dem Titel »Journal des savants«) und gibt den Anstoß zur Gründung der Berliner Akademie der Wissenschaften (1700). Er stirbt in Hannover 1716.

Seine vielseitige Tätigkeit ließ keine systematische Ausarbeitung seiner philosophischen Gedanken zu. Die meisten seiner Schriften sind rasch abgefaßte Gelegenheitsschriften. Neben seinen zahlreichen juristischen und politischen, mathematischen und historischen Arbeiten sind philosophisch von besonderer Bedeutung: die frühen Abhandlungen »De principio individui« (Leipzig 1663), »Specimen questionum philosophicarum« (Leipzig 1664) und die »Dissertatio de arte combinatoria« (Leipzig 1666). Später hat Leibniz nur noch ein einziges philosophisches Werk veröffentlicht: seine »Theodizee« mit dem vollen Titel »Essais de Théodicée sur la bonté de Dieu, la liberté de l'homme et l'origine du mal«, Amsterdam 1710. Daneben stehen zahlreiche

Abhandlungen in den »Acta Eruditorum«. Viele weitere Schriften wurden erst später in der Gesamtausgabe seiner Werke veröffentlicht, darunter vor allem: »Discours de métaphysique« (verfaßt 1686), »Système nouveau de la nature et de la communication des substances, aussi bien que de l'union, qu'il y a entre l'âme et le corps« (1695), »Nouveaux essais sur l'entendement humain« (1703–4, das größte Werk von Leibniz, in dem er sich mit John Locke auseinandersetzt), »Monadologie« (1714) und »Principes de la nature et de la grâce« (1714, Prinz Eugen von Savoyen gewidmet).

Der Offenheit und Vielseitigkeit seines Geistes entspricht, daß Leibniz vielfältige *Einflüsse* aufnimmt, verarbeitet und zur Synthese zu bringen versucht. Vor allem geht es ihm um die Vermittlung zwischen der klassischen Metaphysik und dem neuen naturwissenschaftlichen und philosophischen Denken. Leibniz hat schon früh *Aristoteles* studiert, mit 15 Jahren entscheidet er sich jedoch gegen die aristotelische Formenlehre für das neuere mechanistische Denken von *Descartes* und *Spinoza.* Später greift er auf die metaphysische Wesensform, die Entelechie und damit auf eine teleologische Naturauffassung zurück. 1669 setzt er sich ausdrücklich das Ziel, die Teleologie der Metaphysik mit dem Mechanismus der neueren Physik in Einklang zu bringen. Daneben kennt Leibniz auch *Platon;* er beruft sich bisweilen auf ihn und schätzt ihn noch höher als Aristoteles.

Leibniz hat überdies eine gute Kenntnis der scholastischen Philosophie, die er in Leipzig studiert hat. Vor allem verdankt er *Suarez* den Zugang zur Scholastik und folgt ihm in der Frage der Individuation. Er führt aber auch *Thomas* und eine Reihe anderer scholastischer Autoren an. Später schreibt er einmal: »Wir werden Thomas und anderen Großen jener Zeit nicht gerecht.«

Vor allem steht Leibniz jedoch in Auseinandersetzung mit der Philosophie seiner Zeit, besonders mit Descartes, der auf ihn anfangs großen Eindruck macht; später distanziert sich Leibniz immer mehr von ihm und übt häufig scharfe Kritik. Dabei greift er manche Gedanken von *Malebranche* auf, dessen Occasionalismus in der »praestabilierten Harmonie« eine Fortbildung erfährt. Er sagt von Malebranche: »Ich schulde ihm viel in der Metaphysik.« Die persönliche Begegnung mit Spinoza hatte zwar anfangs auf Leibniz einen tiefen Eindruck gemacht, doch lehnte er bald sowohl den Monismus der Substanz als auch den

starren Determinismus allen Geschehens ab – und bezeichnet Spinoza als »philosophus pessimae notae«.
Ähnlich hat *John Locke* eine negative Bedeutung für Leibniz. Lockes »Versuch über den menschlichen Verstand« (1669) fordert Leibniz zur Auseinandersetzung heraus und wird Anstoß für sein größtes Werk, das vor allem die erkenntnistheoretischen Grundlagen enthält.

### 2.51 Das analytische Prinzip

In seiner Jugend hatte Leibniz den großen Plan einer *Universalwissenschaft* (»scientia universalis«), die das gesamte menschliche Wissen aus seinen einfachen Urelementen durch mathematische Kombination aufbauen soll. Man müsse eine Methode der Kombination finden, die ein System alles Wißbaren erstellen läßt. Das ist ein alter Gedanke, der auf die *»ars combinatoria«* des *Raimundus Lullus* (im 13. Jh.) zurückgeht und vom Zeitgenossen des Leibniz, dem Universalgelehrten *Athanasius Kircher*, wieder aufgenommen wird; es ist bezeichnend für den rationalistischen Geist der Zeit. Diesen Gedanken greift auch Leibniz auf und entwickelt in der Schrift »De arte combinatoria« (1666) den Plan, es müsse »eine Art Alphabet der menschlichen Gedanken ersonnen und durch Kombination der Buchstaben dieses Alphabets und durch Analyse der aus ihnen gebildeten Wörter alles gefunden und beurteilt werden«. Diesen Plan hat Leibniz nie durchgeführt – er kann nicht durchgeführt werden, weil er die Erfahrung und die Geschichtlichkeit menschlichen Denkens übersieht.
Später wird dieser Gedanke von Leibniz modifiziert. Es geht ihm nicht mehr um eine inhaltliche, sondern um eine *formale* Universalwissenschaft, welche die Prinzipien aller Wissenschaften enthält und die Regeln ihrer Anwendung bestimmt. Dazu soll eine »characteristica universalis« dienen, nämlich eine allgemeine Zeichenlehre, durch welche die Formen und Formeln der Gegenstände ausgedrückt werden können. Dies wäre eine allgemein gültige Algebra, die über den quantitativen Bereich der Mathematik hinaus auf jeden möglichen Gegenstand anwendbar ist, also eine *»mathesis universalis«*, die schon den Ansatz einer symbolischen Logik vorwegnimmt. Das ist ein

Gedanke, den Leibniz sein Leben lang verfolgt. Er kommt immer wieder auf verschiedene Weise darauf zurück, um einer einheitlichen und umfassenden Gesamtwissenschaft und Weltanschauung den Weg zu bereiten.

### 2.511 Kriterium der Wahrheit

Diesen Plänen, so kühn sie auch erscheinen, liegt ein philosophischer Ansatz zugrunde, den Leibniz im Prinzip des *analytischen Urteils* formuliert. Jedes wahre und sichere Urteil ist analytisch in dem Sinn, daß das Prädikat der Aussage im Begriff des Subjekts enthalten ist. Jedes Urteil spricht eine Identität von Subjekt und Prädikat aus. Daher muß zuvor diese Identität bestehen, im Subjekt muß das Prädikat enthalten sein. Wissenschaftliche Erkenntnis, welche die Gewißheit ihrer Aussagen beansprucht, hat darum die Aufgabe, alle Aussagen auf analytische Notwendigkeit zurückzuführen.

Damit stellt Leibniz gegenüber Descartes ein neues Kriterium der Wahrheit und Gewißheit auf. Das cartesianische Kriterium der »idea clara et distincta« genügt ihm nicht, weil Klarheit und Deutlichkeit selbst nicht klar und deutlich genug bestimmt sind. Leibniz setzt sich wiederholt kritisch damit auseinander (vgl. Philos. Schriften, hrsg. von C. J. Gerhardt, IV, 363; 422–26 u. a.). Er sieht darin den Ausweg, daß jedes Urteil, wenn es wahr und sicher sein soll, ein analytischer Satz sein muß. Doch stellt sich hier gleich die Frage: Meint Leibniz damit eine Begriffsanalyse oder eine Sachanalyse? Sicher liegt der begrifflichen Synthese des Urteils eine Analyse des Gegenstandes zugrunde, welche die Aussage des bestimmten Prädikats ermöglicht und rechtfertigt. Die sachliche Synthese verschiedener Bestimmungen des Gegenstandes wird in der begrifflichen Synthese des Urteils nachvollzogen. Doch Leibniz sagt mehr. Das Prädikat muß im Begriff des Subjektes, »in notione subiecti«, enthalten sein, also nicht nur sachliche, sondern begriffliche Analyse. Aber er fügt immer wieder hinzu: »in notione subiecti perfecte intellecta«, das heißt: nur wenn wir eine vollkommene Erkenntnis des Subjekts haben, ist darin jedes Prädikat enthalten, so daß es durch Analyse gewonnen werden kann. Er grenzt noch deutlicher ab: es ist eine vollkommene Erkenntnis, wie Gott sie hat, wir aber zumeist nicht haben. Daraus folgt, daß das allgemeine

Prinzip des analytischen Urteils ein Postulat wird: wenn wir einen vollkommenen Begriff der Sache hätten – den wir zumeist nicht haben –, so wäre jedes Urteil analytisch (ebd. IV, 432 f. u. a.). Die wissenschaftliche Aufgabe besteht also darin, eine so vollkommene Erkenntnis ihres Gegenstandes zu erreichen, daß jede Aussage durch ihren analytischen Charakter sich selbst als wahr und sicher erweist.

### 2.512 Notwendigkeit und Gewißheit

Damit scheint aber die Konsequenz Spinozas unausweichlich zu sein, wonach alles durch absolute, logisch-analytische Notwendigkeit determiniert ist. Demnach gäbe es weder Freiheit noch irgendein kontingentes Geschehen, sondern wieder, ebenso wie bei Spinoza, nur starre Notwendigkeit. Doch sucht Leibniz gerade dieser Konsequenz zu entgehen und den analytischen Charakter des Urteils so auszulegen, daß er sowohl der Freiheit unseres Wollens und Handelns als auch der Kontingenz des Geschehens Raum beläßt. Wie ist das möglich?

Leibniz unterscheidet *Vernunftwahrheiten* (vérités de raison) und *Tatsachenwahrheiten* (vérités de fait) (ebd. IV, 357 u. a.). Diese Unterscheidung stammt übrigens der Sache nach schon von Descartes, der zwischen Dingen und Eigenschaften von Dingen und ewigen Wahrheiten unterschieden hatte (Princ. phil. I, 48). Vernunftwahrheiten sind apriori einsichtige, allgemeine und notwendige Gesetze. Tatsachenwahrheiten sind aposteriori gegebene kontingente, also nicht notwendige Fakten. Für Spinoza hatte es im Grunde nur reine Vernunftwahrheiten gegeben, insofern alles Geschehen aufgehoben war in die apriorische Notwendigkeit. Dagegen führt Leibniz wieder kontingente Tatsachen ein.

Die Vernunftwahrheiten sind entweder in sich selbst evident wie die ersten logischen und metaphysischen Prinzipien. Dann sind sie analytische Sätze, die keines weiteren Beweises bedürfen. Die meisten anderen Sätze, auch allgemeinen Prinzipien oder Axiome, müssen dadurch bewiesen werden, daß sie auf analytische Sätze zurückgeführt werden, das heißt: es muß erst bewiesen werden, daß ihnen analytische Sätze zugrunde liegen, von denen sie ableitbar sind. Auch dies mag uns heute fragwürdig scheinen; schon *Kant* hat daran Kritik geübt. Aber hier liegt nicht der Kern des Problems. Dieser betrifft vielmehr die Tatsachenwahrheiten, wenn auch sie analytisch sein sollen.

Leibniz hält auch für kontingente Tatsachen am analytischen Prinzip fest. Doch setzt dies eine *adäquate Idee* voraus, während wir zumeist nur inadäquate Ideen haben. Hier kehrt Spinozas Unterscheidung zwischen adäquater und inadäquater Idee in einem ähnlichen Sinn wieder (Philos. Schriften, hrsg. von J. C. Gerhardt, VII, 296 u. a.). Für Leibniz bedeutet die adäquate Idee eine erschöpfende Erkenntnis der konkreten Realität eines Dinges. Hätten wir eine adäquate Idee, so wären daraus auch alle kontingenten Tatsachen, alle rein faktisch der Sache zukommenden Prädikate analytisch abzuleiten. Hätten wir zum Beispiel eine adäquate Idee von Caesar, so könnten wir analytisch einsehen, ob und wann er den Rubikon überschritten hat, ob und wann er ermordet wurde usw. An sich sind also alle, auch die kontingenten Prädikate in der Idee der Sache enthalten, wenngleich für unsere menschliche Erkenntnis in den meisten Fällen eine solche Idee nicht möglich ist.

Folgt aber daraus nicht immer noch die Notwendigkeit alles Geschehens? Sind damit nicht immer noch *Freiheit und Kontingenz* aufgehoben in analytische Notwendigkeit? Nun kommt nach Leibniz allein den Vernunftwahrheiten Notwendigkeit zu (*necessitas*), den Tatsachenwahrheiten dagegen nicht Notwendigkeit, wohl aber Gewißheit *(certitudo).* Leibniz sucht also die Sicherung des logischen Zusammenhangs mit der Kontingenz des realen Geschehens zu verbinden (ebd. IV, 436–38). Die Tatsachenwahrheit ist als solche, isoliert betrachtet, nicht notwendig, sondern nur möglich (*possibile*), sie kann verwirklicht werden oder auch nicht; damit ist ihre innere Kontingenz gewahrt. Wird sie aber im Zusammenhang der anderen, ebenso möglichen Dinge betrachtet, so fordert die Verwirklichung des einen entweder die Verwirklichung auch des anderen oder schließt diese aus. Das bloße Possibile erhält eine neue Qualifikation als *Compossibile,* das heißt: im Zusammenhang aller anderer möglichen Dinge. Nun steht aber jedes Einzelding im Zusammenhang der gesamten Welt. Wenn diese Weltordnung verwirklicht ist, so fordert sie das einzelne Ding oder Geschehen als Teilelement des Ganzen; es ist nicht nur möglich, daher indifferent zum Dasein, sondern wird vom Ganzen erfordert.

### 2.513 Die bestmögliche Welt

Diese Ganzheit aber ist die *»bestmögliche Welt«*. Denn wir müssen auch in Gott selbst als dem letzten metaphysischen Grund der Möglichkeit und Wirklichkeit der Welt unterscheiden zwischen dem Wesen und der Allmacht Gottes auf der einen Seite und seiner Weisheit und Güte auf der anderen. Im Wesen Gottes ist die Ordnung der möglichen Wesenheiten mit metaphysischer Notwendigkeit fundiert. In seiner Allmacht kann er jede beliebige, an sich mögliche Welt erschaffen. Aber aufgrund seiner unendlichen Weisheit und Güte kann er nur das Beste wollen, daher nur die beste aller möglichen Welten ins Dasein rufen: *Deus potest omnia, vult optima.* Wenn also ein Possibile durch den Gesamtzusammenhang der bestmöglichen Welt – als Compossibile – erfordert ist, dann muß es, zwar nicht mit metaphysischer Notwendigkeit, aber mit Sicherheit, das heißt: mit moralischer oder hypothetischer Notwendigkeit verwirklicht sein (Theod. II, § 37). Wenn wir eine adäquate Idee des Weltganzen, also Einblick in den göttlichen Gesamtplan der bestmöglichen Welt hätten, so könnten wir daraus mit Sicherheit analytisch ableiten, was im einzelnen geschehen ist oder geschehen wird, welche Möglichkeiten kontingenter Dinge oder Ereignisse verwirklicht worden sind oder werden sollen. So ist durch die *»lex optimi«* der analytische Zusammenhang des Weltgeschehens bis ins einzelne gesichert; allerdings nur, wenn wir eine adäquate Idee der Welt hätten. Nur Gott begreift adäquat das Ganze der Welt, nur der vollkommenen Erkenntnis Gottes erschließt sich analytisch alles einzelne aus der schöpferischen Idee der bestmöglichen Welt.

Doch folgen auch für uns daraus zwei wichtige Prinzipien der Erkenntnis. Zur besten Welt gehört, daß sie vernünftig, das heißt: zweckmäßig eingerichtet ist. Zum Verständnis des Weltgeschehens gehört notwendig die *Finalität,* nicht nur – wie bei Descartes und Spinoza – die rein mechanische Kausalität. Sie allein kann nicht erklären, warum die Welt gerade so und nicht anders ist. Dazu kommt weiter das Prinzip der Wahrscheinlichkeit. Zu einer wohlgeordneten Welt gehört ebenso, daß das Wahrscheinlichste auch verwirklicht ist, dasjenige also, was aus dem sinnvollen Zusammenhang des Ganzen größte *Wahrscheinlichkeit* hat, auch mit Sicherheit eintreten wird.

Man kann gegen die spekulative Lösung dieses Problems durch

Leibniz sicher manche Bedenken erheben. Fällt sie nicht doch wieder in einen Determinismus zurück? Wird nicht die Freiheit Gottes aufgehoben, wenn er durch seine Weisheit und Güte genötigt ist, gerade diese, nämlich die bestmögliche Welt zu erschaffen? Ist das nach den Voraussetzungen, die Leibniz macht, nicht doch wieder eine metaphysische Notwendigkeit, welcher Gott und seine gesamte Schöpfung unterliegen? Und weiter: ist der Begriff einer »bestmöglichen Welt« nicht in sich ein Widerspruch? Die Welt ist wesenhaft endlich, in ihrer Vollkommenheit begrenzt. Endliches, Unvollkommenes kann immer noch größer, besser, vollkommener gedacht werden, ohne jemals eine Grenze zu erreichen und schlechthin unendlich zu werden. Gerade weil eine bestmögliche Welt nicht möglich ist, ist auch die Freiheit der Schöpfung Gottes gewahrt.

Bei diesen Einwänden muß jedoch bedacht werden, daß Leibniz hier nicht nur vor einem Problem steht, das ihm durch den Occasionalismus *Malebranches* und den Determinismus *Spinozas* vorgegeben war, sondern das zu seiner Zeit auch im Mittelpunkt der theologischen Auseinandersetzungen stand, sowohl durch die Prädestinationslehre des Protestantismus als auch im katholischen Raum durch den Gnadenstreit zwischen der Schule des *Bañez,* der die »praemotio« und »praedeterminatio physica« vertrat, und der Schule *Molinas,* der dagegen die Freiheit des geschöpflichen Wirkens geltend macht (Theod. II, § 39 ff.). Es war das Problem von Gnade und Freiheit, göttlichem Vorherwissen und menschlichem Willen, ein Problem, das auch theologisch bis heute keine runde Lösung gefunden hat, vielleicht auch nie finden kann, das aber damals heftig umstritten war. Leibniz bietet hier eine neue, sicher tiefsinnige Lösung an, die aber das Mysterium ebensowenig zu enträtseln vermag wie die theologischen Theorien seiner Zeit.

## 2.52 Die Monade

Mit dem analytischen Erkenntnisprinzip von Leibniz hängt aufs engste das metaphysische Zentralstück seiner Philosophie, die *Monadenlehre,* zusammen. Wenn aus der adäquaten Idee alle Prädikate analytisch ableitbar sind, so heißt das für Leibniz nicht nur, daß aus der adäquaten Idee des Gesamtzusammen-

hangs der bestmöglichen Welt alles einzelne analytisch begreifbar wäre, sondern auch, daß aus der adäquaten Idee eines Einzeldinges die Ganzheit der Welt analytisch abzuleiten ist, weil dieses einzelne – die Monade – selbst schon eine Totalität ist, welche die unendliche Ganzheit enthält oder widerspiegelt, wenn auch unter einem bestimmten und begrenzten Aspekt.
Das Wort *»monas«* (griech. = Einheit) geht auf die griechische Philosophie zurück. In der Neuzeit wurde das Wort aufgegriffen von *Giordano Bruno.* Er versteht unter der Monade »individua rei substantia«, ein letztes, einfaches, unteilbares Prinzip als Träger des individuellen und substantiellen Seins. Von ihm übernahm der niederländische Naturphilosoph *van Helmont,* ein Zeitgenosse des Leibniz und mit ihm persönlich bekannt, diesen Begriff; so auch Leibniz, der sich darin ausdrücklich auf Giordano Bruno beruft.

2.521 Einfachheit und Vielheit

Monade ist der Substanzbegriff des Leibniz. Darin vollzieht sich seine entscheidende Auseinandersetzung mit Descartes und Spinoza. Bei *Descartes* bestand eine scharfe Dualität zwischen der materiellen und der geistigen Substanz. Die materielle Substanz (res extensa) ist in ihrem Wesen durch das Attribut der Ausdehnung bestimmt. Ein ausgedehntes Ding ist aber teilbar. Die Teile sind wieder ausgedehnt, also weiter teilbar usw. Soll das keinen »regressus in infinitum« geben, der nichts erklärt, so muß man als letzte Konstitutiva des ausgedehnten Dinges *einfache,* also unausgedehnte Elemente voraussetzen, die jedoch als Kraftzentren virtuell ausgedehnt sind (Monad. § 1 ff.).
Nun ist die Ausdehnung weiter eine rein statische, passive Größe, aus der sich keine Aktivität begreifen läßt. Also können die letzten Elemente nicht nur statisch-quantitativ bestimmt sein, sie müssen vielmehr aktiv, *dynamisch* verstanden werden (Monad. § 11 ff.). Wenn die letzte Einheit des substantiellen Seins also einfach, unausgedehnt und andererseits aktiv, dynamisch ist, so kann sie – nach Descartes' Alternative – nicht eine »res extensa«, sondern nur eine »res cogitans« sein. Das heißt, daß die Monade, auch die Körpermonade, welche das materielle Ding konstituiert, als ein substantielles »Atom« seelischer, geistiger Art zu denken ist.

Die Monade ist einfach, nicht ausgedehnt, sie ist *qualitativ*, nicht nur quantitativ bestimmt (Monad. § 8), da sich jede Monade von jeder anderen in ihrer Eigenart unterscheidet. Da sie den Ursprung alles Wirkens, aller aktiven Selbstentfaltung bildet, muß sie nicht nur als kausal im Sinne mechanischer Wirkursächlichkeit, sondern zugleich als *final* im Sinne einer Zielbestimmtheit des Wirkens begriffen werden. Hier tritt das teleologische Denken der aristotelischen Tradition gegenüber dem rein mechanistischen Denken von Descartes hervor. Da die ganze Welt zweckmäßig geordnet ist, die Monade aber das Prinzip allen Wirkens der Welt darstellt, muß sie selbst final, also sinn- und zweckhaft wirken. So hebt sich die Leibnizsche Monadenlehre sehr scharf von der cartesianischen Auffassung der Substanz ab, deren Dualität von Materie und Geist überdies bei Leibniz auf ein einheitliches Grundprinzip zurückgeführt wird. Die Monade als tragender Grund aller Wirklichkeit ist geistiger Art (Philos. Schriften, hrsg. v. Gerhardt, VI, 598 u. a.) – der Spiritualismus, den Leibniz damit vertritt, wird bestimmend eingehen in die Grundauffassung des deutschen Idealismus.

Auf der anderen Seite hebt sich die Monadenlehre ebenso deutlich ab von der Bestimmung der Substanz bei *Spinoza*. Gegenüber der einzigen unendlichen Substanz Gottes, in der alles endliche Seiende als bloßer Modus aufgeht, gibt es bei Leibniz eine unendliche *Vielzahl* von Substanzen, weil es endliche Substanzen gibt, die als solche die Unendlichkeit nie ausschöpfen können. Jede dieser Substanzen ist aber als Monade selbst eine unendliche Totalität, insofern sie, wenn auch unter jeweils begrenztem Aspekt, die Ganzheit abspiegelt (ebd., IV, 434; Monad. § 57 u. a.).

Dieser Schritt von Spinoza zu Leibniz zeigt eine auffallende Parallele mit der frühgriechischen Philosophie, nämlich im Übergang von *Parmenides* zu der nachfolgenden Naturphilosophie. Bei Parmenides gab es nur das eine und absolute, ewige und unwandelbare Sein. Bei den späteren Naturphilosophen von *Empedokles* bis *Demokrit* wurde zwar die Einheit des Seins preisgegeben zugunsten einer unendlichen Vielheit von »Atomen«, deren jedes aber die eleatische Bestimmung des Seins beibehält; es ist ein ewiges und absolutes, innerlich unwandelbares Sein, ebenso ungeworden und unvergänglich wie das Sein bei Parmenides. Hier ist es ähnlich. Leibniz setzt der Einheit der spinozistischen Substanz eine unendliche Vielheit von Monaden gegenüber, von denen aber jeder einzelnen die absolute Bestimmung der Substanz bei Spinoza zukommt. Sie ist in ihrer, wenn auch begrenzten Weise eine absolute Totalität, sie kann nicht werden oder vergehen – außer durch unmittelbare Schöpfung oder Vernichtung durch Gott. Schlechthin (simpliciter) unendlich ist nur Gott, aber in gewisser Hinsicht (secundum quid) ist jede Monade unendlich, insofern sie die unendliche Totalität enthält. Die endliche Monade spiegelt und repräsentiert die Unendlichkeit jedoch nur unter einem bestimmt begrenzten Gesichtspunkt (point de vue), während Gott allein unter unbegrenztem Aspekt die unendliche Totalität in sich begreift. Daraus folgt aber, daß ein adäquates Begreifen auch einer einzelnen Monade die analytische Ableitung und Entfaltung der gesamten Wirklichkeit ermöglicht, das heißt: wenn wir die Einzelmonade so vollkommen begriffen, wie Gott sie begreift, so könnten wir daraus analytisch den Gesamtzusammenhang der Wirklichkeit einsehen.

### 2.522 Inneres Wirken

Für Leibniz ist die Monade wesentlich *dynamisch*. Sie ist aktives Kraftzentrum, das wirkend sich selbst verwirklicht, sich also qualitativ fortbestimmt. Wie ist das aber aus dem Wesen der Monade zu verstehen? Sie ist einfach, daher unteilbar, kann daher nicht zusammengesetzt sein, auch nicht – im scholastischen Sinn – aus Substanz und Akzidens. Dennoch muß jede Monade die Einheit einer Vielheit sein; trotz ihrer Einfachheit ist eine Vielheit darin enthalten. Dies ergibt sich für Leibniz sowohl aus der aktiven Veränderung, die einen Wandel der Bestimmungen erfordert (Monad. § 12 f.), als auch aus der qualitativen Bestimmtheit der Monade, durch welche jede Monade von jeder anderen verschieden ist (Monad. § 8 f.). Die jeweils verschiedene und sich verändernde Bestimmtheit kann jedoch nicht in einer akzidentellen Beschaffenheit liegen, da eine solche der Einfachheit widersprechen würde. Darum sucht Leibniz einen Weg, die Einfachheit der Monade mit ihrer dynamisch-qualitativen Differenziertheit in Einklang zu bringen. Er findet die Lösung darin, daß jeder Monade *Wahrnehmung* oder Erkenntnis (*perception*) zukommt. Ihr Wesen ist ja seelischer, geistiger Art; sie ist gewissermaßen eine »res cogitans«. Die Vielheit und Verschiedenheit der Substanz besteht darin, daß jede auf ihre Weise und ihrem Standort (point de vue) die unendliche Ganzheit »perzipiert«. Wenn also jede Monade die Totalität enthält, so ist das als ein Erkenntnisgeschehen zu verstehen, in dem die Gesamtheit, wenn auch unter begrenzter Rücksicht, aufgefaßt wird. Kommt demnach jeder, auch der körperlichen Monade im eigentlichen Sinn »Erkenntnis« und »Bewußtsein« zu? Ja, aber es gibt für Leibniz eine *»petite perception«*, die so schwach ist, daß sie unterschwellig bleibt und nicht zum Bewußtsein kommt. Dagegen gibt es auch eine *»perception apperçue«*, in welcher die Perzeption selbst durch Apperzeption aufgefaßt wird und ins Bewußtsein tritt, nämlich dadurch, daß die Erkenntnis sich selbst erkennt, um sich selbst weiß – hier liegt der Ursprung des kantischen Begriffs der Apperzeption, worunter er das reine Selbstbewußtsein des »ich denke« versteht. So kühn diese Spekulation des Leibniz auch scheinen mag, ist darin doch schon etwas vorausgeahnt von einem unbewußten, unterschwellig bleibenden psychischen Geschehen, das erst die neuere Tiefenpsychologie aufgehellt hat. Eine derart kleine oder schwache Perzeption kommt aber nach Leibniz jeder Monade zu. Der »perception« entspricht die *»appétition«*, das Streben der Monade, welches wiederum entweder unbewußt bleibt oder durch »apperception« ins Licht des Bewußtseins tritt und zu bewußtem Streben und Wollen wird (Philos. Schriften, hrsg. von C. J. Gerhardt, VI, 598; Monad. § 14 f. u. a.).

Schon diese Unterscheidung zeigt, daß Leibniz verschiedene *Stufen von Monaden* kennt; hierin folgt er den Seinsstufen der klassischen Metaphysik. Es gibt Körpermonaden, die schon qualitativ bestimmt und von geistiger Art sind, aber so, daß sie noch nicht zum Bewußtsein kommen. Sie bilden die atomaren Aufbauelemente der Körperwelt. Damit wird Leibniz zu einem Vorläufer der Atomtheorie, während die geistige Seinsart der Monade über den jungen Fichte in den deutschen Idealismus eingehen und zur idealistischen Aufhebung der Materie im Geist führen wird. Es gibt jedoch bei Leibniz auch Seelenmonaden, welche als »Entelechien« das teleologische Lebensprinzip in allen Organismen ausmachen, indem sie einen Komplex von Körpermonaden beseelen. Hiermit greift Leibniz gegen die mechanistische Erklärung des Lebens bei Descartes auf die Formenlehre der aristotelisch-scholastischen Metaphysik zurück. Die

Geistmonade schließlich ist die geistige Seele des Menschen. Ihr kommt intellektuelle Erkenntnis zu, die aber nicht allein aus der Erfahrung zu gewinnen ist, sondern in der reinen Einsicht der Vernunft gründet. Die Seele trägt »eingeborene Ideen« in sich, die sie aber selbsttätig zu entfalten hat. Auch kommt der geistigen Seele Freiheit zu, die aber ebenso wie die Freiheit Gottes an die »lex optimi« gebunden ist. So ist der Mensch zwar metaphysisch frei, er wählt jedoch mit moralischer Gewißheit das jeweils »höhere Gut« (melius bonum).

Zum Wesen der Monade gehört aber auf allen ihren Stufen das Wirken. Sie ist »un être capable d'action« (ein wirkfähiges Wesen: Phil. Schr., hrsg. v. Gerhardt, VI, 598). Aber – hier kommt wieder ein Gedanke Spinozas ins Spiel – das Wirken der Monade ist nur inneres Wirken (actio immanens) der eigenen Selbstentfaltung und Selbstverwirklichung, nicht äußeres Wirken (actio transiens), wodurch in anderen Dingen eine Wirkung gesetzt würde. Wie Spinozas göttliche Substanz nur nach innen, nicht nach außen wirkt, so auch die Monade bei Leibniz. Und wie im Occasionalismus eine Wechselwirkung zwischen den Dingen nicht möglich war, so auch hier nach dem berühmten Wort des Leibniz: »Monaden haben keine Fenster« (Les Monades n'ont point de fenêtres: Monad. § 7). Jede Monade ist eine geschlossene Totalität, in welche von außen nichts eindringen und von innen nichts hinausdringen kann.

### 2.523 Prästabilierte Harmonie

Damit stellt sich aber von neuem das Problem, mit dem schon der Occasionalismus gerungen hatte: Wie ist die Harmonie des Weltgeschehens zu erklären, wenn es keine Wechselwirkung der Dinge, daher keinerlei ursächlichen Zusammenhang des Weltgeschehens gibt? Die Occasionalisten hatten das Problem einfach und radikal gelöst: durch Rückführung alles Geschehens auf das unmittelbare Wirken Gottes. Leibniz sieht dasselbe Problem, sucht aber eine vermittelnde Lösung, welche der Erfahrung eigenen Wirkens mehr Rechnung trägt. Einerseits leugnet er mit dem Occasionalismus ein äußeres Wirken auf andere Dinge, andererseits nimmt er entgegen jener Auffassung ein inneres Wirken der Monade an. Daraus ergeben sich unendlich viele, voneinander völlig unabhängige Abläufe kausalen Geschehens, da jede einzelne Monade unabhängig von allen anderen in sich selbst wirkt, sich selbst aktiv entfaltet. Dem steht jedoch gegenüber, daß trotzdem eine solche Übereinstimmung und harmonische Ordnung des Weltgeschehens besteht, daß wir den Eindruck eines kausalen Zusammenhangs haben. Wie ist das zu erklären?

Das *Uhrengleichnis,* das schon von *Geulincx* stammt, läßt zwei Deutungen zu. Wenn zahlreiche Uhren unabhängig voneinander laufen und völlig exakt dieselbe Zeit angeben, so geschieht das entweder dadurch, daß sie immer wieder kontrolliert und korrigiert, ihre Abläufe also von außen her in Übereinstimmung gebracht werden, oder dadurch, daß sie von vornherein vom Uhrmacher so vollkommen konstruiert wurden, daß sie ohne jeden weiteren Eingriff von außen in strenger Übereinstimmung ablaufen. Angewendet auf das Weltgeschehen heißt das: Entweder greift Gott in jedem Einzelfall immer wieder von neuem in das Geschehen ein und bringt es in harmonische Ordnung, oder er hat die Welt von Anfang an durch seine Schöpfungstat so vollkommen eingerichtet, daß ohne seinen weiteren Eingriff die Ordnung und Übereinstimmung aller einzelnen Kausalreihen bestehen bleibt. Nun liegt die höhere Vollkommenheit in der zweiten Annahme, daß nämlich die Welt von vornherein so vollkommen eingerichtet ist, daß die Harmonie des Geschehens gesichert bleibt. Dies um so mehr, als für Leibniz diese Welt die bestmögliche Welt ist und Gott in seiner Weisheit und Güte gleichsam der bestmögliche Uhrmacher der Welt ist. Das ist die Leibnizsche Lehre von der *»prästabilierten Harmonie«* (harmonie préétablie). Sie besagt, daß in der Welt von vornherein durch Gott die *Harmonie des Geschehens* vorausgeplant und festgelegt, in ein »stabiles« Gleichgewicht der Kräfte gebracht ist, ohne daß eine Wechselwirkung der Dinge besteht oder weitere Eingriffe Gottes erforderlich wären. (Phil. Schr., hrsg. von Gerhardt, IV, 500–503 u. a.)

### 2.524 Gotteslehre

Hier stellt sich nicht nur von neuem das Problem der Freiheit, die in der prästabilierten Harmonie der bestmöglichen Welt, aus deren Idee alles analytisch erfolgt, in Frage gestellt erscheint. Es stellt sich auch die Frage nach Gott und seinem Verhältnis zur Welt.

Das ganze Weltbild des Leibniz setzt Gott als den Schöpfer der Welt voraus. So bringt er auch in verschiedenen Schriften *Gottesbeweise* vor, worunter, dem Geist des Rationalismus entsprechend, das sogenannte ontologische Argument die erste Stelle einnimmt. Die Idee Gottes als des vollkommensten Wesens schließt schon seine notwendige Existenz ein; würde er nicht existieren, so wäre er nicht mehr das vollkommenste Wesen. Man muß aber – darin ergänzt und berichtigt Leibniz diesen Beweisgang gegenüber Descartes – zuvor beweisen, daß ein solches Wesen möglich ist. Wenn es möglich ist, dann existiert es auch notwendig. Möglichkeit reduziert sich jedoch für Leibniz rationalistisch auf reine Denkmöglichkeit, das heißt: auf bloße Widerspruchsfreiheit. Weil die Idee Gottes keinen Widerspruch enthält, ist Gott möglich, also muß er mit Wesensnotwendigkeit existieren.
Daneben treten noch andere Gottesbeweise bei Leibniz auf, so das Argument aus der Existenz endlicher Dinge, die einen hinreichenden Grund (ratio sufficiens) ihrer Existenz erfordern, also Gott als den absoluten Seinsgrund voraussetzen. Diesen Beweis führt Leibniz in der Monadologie durch und schließt sich damit dem klassischen Kontingenzargument an. Auch sucht er aus der Möglichkeit Gott zu beweisen: jede Möglichkeit setzt Wirklichkeit voraus; nun ist die Möglichkeit aller Dinge ewig und notwendig, daher muß der Grund der Möglichkeit in einer ewig notwendigen Wirklichkeit, im absoluten Sein Gottes liegen.

### 2.53 Rückblick

Leibniz hat seine philosophischen Gedanken nie systematisch voll ausgeführt, sondern in einer großen Zahl einzelner Schriften fragmentarisch festgehalten. Trotzdem bilden sie ein streng konsequentes und kohärentes System, das weit über Descartes und Spinoza hinausgeht. Es überwindet das rein quantitative und mechanisch-kausale Denken des Descartes durch eine qualitative und teleologische Sicht der Wirklichkeit. Leibniz überwindet erst recht den Monismus Spinozas durch die Annahme einer Vielheit substantieller Monaden und den Determinismus, indem er wieder sowohl der Freiheit als auch dem kontingenten Sein und Geschehen Raum gewährt. Dieses Anliegen ist ebenso wie sein

Begriff des transzendenten, persönlichen und freien Schöpfergottes von christlicher Glaubensüberzeugung bestimmt. Seine Philosophie will durchaus christliche Philosophie sein – »philosophia perennis«, die das klassische und christliche Erbgut der Wahrheit mit den Erkenntnissen der neuen Wissenschaft zu verbinden sucht.
Dennoch bleibt Leibniz in entscheidenden Punkten dem Rationalismus verhaftet. Vor allem verdankt das analytische Prinzip erst ihm seine volle und konsequente Ausprägung. Durch den analytischen Charakter aller Wahrheit ist die Freiheit, sowohl die göttliche als auch die menschliche Freiheit, doch wieder in Frage gestellt und damit auch eine echte Kontingenz des Geschehens. Wenn aber Probleme offen bleiben – wo bleiben keine mehr offen? –, so mindert das nicht die denkerische Größe der Leibnizschen Philosophie.

## 2.6 Schulrationalismus

Unter dem entscheidenden Einfluß des Leibnizschen Denkens kam die rationalistische Schulphilosophie zur Ausbildung. Ihr Begründer ist *Christian Wolff*, einer der ersten in der Reihe der neueren Philosophen, der als Professor an einer Universität lehrte. Bisher waren alle bedeutendsten Philosophen, die das neuzeitliche Denken grundgelegt haben, nicht Hochschullehrer, sondern Privatgelehrte – so Descartes, Malebranche, Spinoza und Leibniz, aber auch die Engländer Hobbes, Locke und Hume. Das Neue, das in ihrem Denken zum Durchbruch kam, drang noch wenig in die Schule ein, sondern verblieb zumeist im Kreise der Gelehrten. An den Universitäten jener Zeit war immer noch die scholastische Philosophie vorherrschend, besonders in der Gestalt der Metaphysik des *Franz Suarez*. Erst durch Christian Wolff dringt das rationalistische Gedankengut in den akademischen Unterricht ein, erhält eine schulmäßig systematische Form und verdrängt in kurzer Zeit die Scholastik. Diese Schulmetaphysik des Rationalismus erhält besonders dadurch hohe Bedeutung, daß sie den Hintergrund bildet, von dem *Kant* herkommt und mit dem er sich in der Frage nach der Möglichkeit der Metaphysik kritisch auseinandersetzt.

Christian Wolff wurde 1679 in Breslau geboren. Er habilitiert sich 1703 in Leipzig und wird 1706 als Professor nach Halle berufen. Wegen seiner rationalistischen Lehre, die vielfach Anstoß gab, zugleich auch infolge seines großen akademischen Lehrerfolges wird er 1723 abgesetzt und aus Preußen ausgewiesen. In der Folgezeit lehrt er in Marburg, wird aber sogleich nach der Thronbesteigung Friedrichs II. 1740 nach Halle zurückberufen, wo er bis zu seinem Tode 1754 verblieb und eine außerordentlich fruchtbare Tätigkeit entfalten konnte. Er schrieb eine große Zahl sowohl lateinischer als auch deutscher Werke (allein die lateinischen Werke umfassen 23 Quartbände), worin er sämtliche Lehrfächer der Philosophie in schulmäßiger Klarheit und Systematik darstellt. Dadurch wurde er zum großen *Systematiker* des Rationalismus.

Wolffs Einteilung der Philosophie hat sich im Lehrbetrieb der nachfolgenden Zeit weithin ausgewirkt. Er unterscheidet eine theoretische und eine praktische Philosophie. Die theoretische Philosophie heißt Metaphysik, die praktische Philosophie Ethik. Durch die Gleichsetzung der Metaphysik mit der gesamten theoretischen Philosophie wird ihr Gegenstandsbereich über den traditionellen Metaphysikbegriff hinaus bedeutend ausgeweitet. Wolff unterscheidet weiter eine allgemeine (Metaphysica generalis) und eine besondere Metaphysik (Metaphysica specialis). Die allgemeine Metaphysik ist die Ontologie, also die allgemeine Seinslehre, welche die ersten, allgemeinen und notwendigen Prinzipien aller möglichen Gegenstände zu entwickeln hat. Die besondere Metaphysik gliedert sich in Kosmologie, Psychologie und (natürliche) Theologie – eine Einteilung, die geschichtlich sowohl auf die drei Bereiche der Philosophie bei Francis Bacon: Natur, Mensch und Gott, als auch und vor allem auf die Dreiteilung der Substanzen bei Descartes: »res extensa« und »res cogitans« als geschaffene Substanzen und Gott als ungeschaffene Substanz, zurückgeht. Dieser Metaphysikbegriff Wolffs wird entscheidend dem Denken Kants zugrundeliegen.

Inhaltlich ist Christian Wolff kein origineller Philosoph, sondern ein geschickter *Eklektiker*. In der rationalistischen Grundposition folgt er weitgehend Leibniz, so in der Lehre vom analytischen Urteil und von der eingeborenen Idee. Auch für ihn sind die letzten Träger substantiellen Seins einfache, daher unausgedehnte, und qualitativ, nicht nur quantitativ bestimmte Elemente, mit aktiver Kraft ausgestattet. Doch spricht Wolff den Körpermonaden das Wahrnehmungs- oder Vorstellungsvermögen (perception) ab, nennt sie daher auch nicht Monaden, sondern »atomi naturae«, wie auch Leibniz sie schon bezeichnet hatte. Nicht kritiklos übernimmt Wolff die Leibnizsche Lehre von der »prästabilierten Harmonie«. Er bleibt zumindest unentschieden in der Frage, ob die einzelnen Körpermonaden aufeinander einwirken oder nicht, wohl aber erklärt auch er das Verhältnis zwischen dem Leib und der Seele des Menschen durch eine prästabilierte Harmonie. Im übrigen übernimmt er viele Begriffe und Inhalte aus der bisher vorherrschenden scholastischen Tradition, wie es ihm umgekehrt durch die rationale Klarheit und didaktische Übersichtlichkeit seines Systems bald gelingt, die Scholastik zu verdrängen und durch den Schulrationalismus zu ersetzen – also jene Gestalt der Metaphysik, die schon nach wenigen Jahrzehnten durch die Kritik Kants im Kern getroffen und vernichtet wurde.

Im Hinblick auf diese Entwicklung ist Wolffs Verständnis der *Metaphysik* von Bedeutung. Er versteht sie als die Wissenschaft aller möglichen Dinge, insofern sie möglich sind. Wolff hält zwar an der klassischen, von Aristoteles stammenden Bezeichnung des Gegenstands der Metaphysik fest. Sie ist die Wissenschaft vom *»ens inquantum est ens«;* dieses wird aber verstanden als *»possibile inquantum est possibile«.* Es geht nicht mehr primär um die Wirklichkeit, sondern um die bloße Möglichkeit, nicht um das wirkliche Sein, sondern um das mögliche Wesen. Möglichkeit bedeutet aber rationalistisch nicht Seinsmöglichkeit, sondern reine Denkmöglichkeit, und diese besteht in der begrifflichen Widerspruchsfreiheit. Die Philosophie hat demnach alle Inhalte unserer Erkenntnis in ihrer widerspruchsfreien Denkbarkeit aus ersten Begriffen und Prinzipien abzuleiten.

Dies führt dazu, daß manche Schüler und Anhänger Wolffs einen Schritt weitergehen und die Metaphysik überhaupt nicht mehr als Wissenschaft vom Sein oder vom Seienden als solchen verstehen, sondern als Wissenschaft von den ersten, allgemeinen und notwendigen Prinzipien unserer Erkenntnis, die den Prinzipien aller anderer Wissenschaften zugrundeliegen. Diese Auffassung innerhalb des Schulrationalismus vertritt sowohl *Martin Knutzen* (1713–1751), der in Königsberg der Lehrer *Kants* war und diesen für die Philosophie und Naturwissenschaft gewann, als auch *Alexander Gottlieb Baumgarten* (1714–1762), den Kant für den bedeutendsten Metaphysiker seiner Zeit hielt und dessen Lehrbuch der Metaphysik er jahrzehntelang seinen Vorlesungen zugrunde legte. So geht dieses Verständnis der Metaphysik im Schulrationalismus bestimmend in das Denken Kants ein. Seine Kritik an der Möglichkeit der Metaphysik ist nur auf diesem Hintergrund verständlich. Nicht minder entscheidend für die Kritik Kants wird aber auch der Gegenpol des Rationalismus: der englische *Empirismus*.

# 3 Empirismus

Der *Gegensatz* zwischen Rationalismus und Empirismus, der die vorkantische Periode der neuzeitlichen Philosophie bestimmt, bedeutet einen Bruch zwischen Denken und Erfahrung, Verstandeseinsicht und sinnlicher Wahrnehmung. Der Rationalismus sucht alle Erkenntnis in der Immanenz des reinen Denkens zu begründen und daraus zu entfalten; er entwertet dadurch die Erfahrung. Der Empirismus dagegen will alle Erkenntnis aus der bloßen Erfahrung begründen und versteht diese allein als sinnenhafte Wahrnehmung, vor allem im Sinne naturwissenschaftlicher Feststellung und Beobachtung, nicht mehr in der Fülle gesamtmenschlicher Erfahrung; das Denken wird zu einer bloßen Funktion am sinnlichen Wahrnehmungsgehalt.

Beiden Richtungen ist aber *gemeinsam*, daß sie einen ersten, sichersten, unmittelbarsten Ausgangspunkt der Erkenntnis suchen, von dem her die ganze Erkenntniswelt methodisch rekonstruiert werden kann. Schon im Rationalismus ergibt sich daraus ein grundsätzliches Problem. Denn die Urgewißheit, von der *Descartes* ausgeht, das reine »Ego cogitans«, ist niemals unmittelbar in sich selbst als Gegenstand gegeben, sondern immer nur im Vollzug gegenständlicher Erkenntnis unthematisch mitgegeben, muß also erst durch Reflexion aufgewiesen werden. Erst recht sind die »eingeborenen Ideen« der Vernunft nicht unmittelbar gegeben und vorfindbar, sondern sie werden als Bedingung des Erkenntnisvollzugs spekulativ postuliert. Die beanspruchte Unmittelbarkeit des Ansatzes wird daher problematisch. Sie erweist sich selbst schon als vermittelt, nämlich durch die Reflexion des Denkens, dessen Geltung erst begründet und gesichert werden muß.

Diesem Problem sucht der *Empirismus* dadurch zu entgehen, daß
 er die ersten und unmittelbarsten Inhalte unserer Erkenntnis in

den einfachen Sinnesgegebenheiten vorzufinden meint. Diese sind unmittelbar in ausdrücklich gegenständlicher Erkenntnis gegeben, auf die man jederzeit verweisen und sich berufen kann. Aber auch diese Unmittelbarkeit wird sich in der Problementwicklung als vermittelt erweisen, nämlich durch das erkennende Subjekt selbst. Es wird sich zeigen, wie schon in *Lockes* Unterscheidung zwischen »sensation« und »reflection« die Eigentätigkeit des Subjekts in den Blick kommt; erst recht in der Unterscheidung zwischen primären und sekundären Sinnesqualitäten, worin die Unmittelbarkeit der sinnlich gegebenen Inhalte problematisch wird und eine kritische Sichtung verlangt. Das Problem wird sich bei *Berkeley* verschärfen, dem sich die sinnlichen Wahrnehmungen in bloße Bewußtseinsinhalte des Geistes auflösen, erst recht bei *Hume*, wo das sinnlich Gegebene, in abstrakter Unmittelbarkeit betrachtet, jede Seinsgeltung und jeden Seinszusammenhang verliert. Die Erkenntniswelt löst sich in eine Vielfalt sinnlicher Empfindungen auf. Dies zeigt, daß die Welt, wie wir sie tatsächlich erfahren und verstehen, sich nicht aus der bloßen Unmittelbarkeit sinnlicher Gegebenheit rekonstruieren läßt. Die Unmittelbarkeit selbst erweist sich als vermittelt durch das erkennende Subjekt, so daß sie zur *Erscheinung für das Subjekt* wird.

Dieses Problem führt zu *Kant*, dessen transzendentale Frage sich die Aufgabe stellt, die Vermittlung durch das Subjekt reflex einzuholen. Dabei kommt er zu einer kritischen Überwindung sowohl des Rationalismus wie des Empirismus, sucht eine neue Synthese zwischen Denken und Erfahrung, Begriff und Anschauung herzustellen und gewinnt so einen völlig neuen Boden philosophischen Denkens. Dies war aber nur dadurch möglich, daß der Rationalismus – aus dessen Tradition auch Kant herkommt – im Empirismus eine kritische Korrektur erfahren hatte, nämlich durch den entschiedenen Rückgang auf die sinnenhafte Erfahrung, wenn er diese auch in neuer Einseitigkeit gegen das rein rationale Denken zur Geltung bringt.

Die Heimat empiristischen Denkens ist England. Dort hatte schon lange das Erfahrungselement ein Übergewicht gegenüber dem spekulativen Denken. Schon im 13. Jahrhundert, also zur Zeit der Hochscholastik, hatte der englische Franziskaner *Roger Bacon* (1210–1292) eine »scientia experimentalis« gefordert und die Bedeutung der Mathematik für die Physik erkannt.

Später überwiegt in England der Nominalismus und bereitet dem Empirismus den Boden. Insbesondere in Oxford herrscht seit dem 15. Jahrhundert der Nominalismus vor, während in Cambridge eine neuplatonisch-augustinische Denkrichtung gepflegt wird. Doch hat der Empirismus auch außerhalb Englands wichtige Vorläufer. Erwähnt sei aus dem Kreise der frühen Nominalisten nur *Nicolaus von Autrecourt*, der schon im 14. Jahrhundert eine empiristisch-skeptische Position vertritt, die in zentralen Fragen wie der Substanz- und Kausalitätslehre bereits die Auffassungen Humes vorwegnimmt.
Der englische Empirismus, dessen klassische Gestalt in das 17. und 18. Jahrhundert fällt, hatte vor allem zwei *Wegbereiter* in *Francis Bacon* und *Thomas Hobbes*, die aber beide noch nicht im vollen Sinn dem Empirismus angehören. Seine *Hauptvertreter* werden sodann *John Locke*, *George Berkeley* und besonders *David Hume*, der dem empiristischen Denken seine schärfste Ausprägung gibt.

## 3.1 Bacon

Wir greifen hier historisch weit zurück in die Zeit der Renaissance und zu den Ursprüngen der neuzeitlichen Naturwissenschaft. *Francis Bacon of Verulam*, geboren 1561 in London, hatte hohe staatliche Stellungen inne. Er war Oberstaatsanwalt (1613), später Großsiegelbewahrer (1617) und schließlich Lordkanzler (1618). 1621 verliert er wegen einer Bestechungsaffäre seine Ämter und lebt in der Folgezeit zurückgezogen wissenschaftlicher Arbeit bis zu seinem Tode 1626. Er war nicht nur Jurist und Staatsmann, sondern auch Naturforscher und Historiker, Philosoph und Schriftsteller, ein vielseitig gebildeter und tätiger Mann, der geistig noch ganz der Renaissance angehört. In seinem Denken brechen neue wissenschaftliche Ideen und Ideale durch. Die neue Naturwissenschaft beginnt Gestalt zu gewinnen, ein neues Weltbild, mehr dem Anspruch als der Durchführung nach, fängt an sich durchzusetzen. Er will das bisherige aristotelisch-scholastische Denken durch induktive Erfahrungswissenschaft überwinden und setzt dem »Organon« der aristotelischen Logik in seinem Werk »Novum Organon« (London

1620) eine neue Logik und Methodenlehre entgegen. Seit 1607 hat er den anspruchsvollen Plan einer »Instauratio magna scientiarum«; vollendet wurde nur deren erster Teil »De dignitate et augmentis scientiarum« (London 1623). Fragmentarisch bleiben auch die meisten seiner anderen Schriften. Die Verwirklichung bleibt hinter den hohen Ansprüchen weit zurück. Doch werden die methodischen und philosophischen Grundlagen dieser neuen Wissenschaft deutlich.

Dem Denken Bacons ist der typisch *empiristische Ansatz* eigen, aber er ist noch nicht in voller Reinheit entwickelt. Die Erfahrung verbindet sich mit dem Denken der Vernunft; dieses aber gründet allein in der Erfahrung. Grundlage aller Wissenschaft ist die »philosophia prima«, ein aristotelischer Begriff, der aber hier, ähnlich wie bei Descartes, eine andere Bedeutung gewinnt. Für Aristoteles war die »erste Philosophie« Metaphysik, die krönende Vollendung philosophischer Erkenntnis, daher – der Würde nach – die erste Wissenschaft. Bei Descartes und bei Bacon ist die erste Wissenschaft nicht mehr Metaphysik im Sinne einer Seinslehre, sondern formale Grundwissenschaft, deren Aufgabe es ist, die ersten und allgemeinsten Prinzipien aller Wissenschaften aufzustellen. Schon hier tritt an die Stelle der Metaphysik eine Erkenntnis- und Prinzipienlehre; ein Grundzug, der sich im ganzen Empirismus wie auch im Rationalismus durchhält und noch bei Kant entscheidend nachwirken wird. Die obersten Prinzipien sind aber nach Bacon durch Induktion aus den Erfahrungswissenschaften zu gewinnen, insofern allen Einzelwissenschaften gewisse gemeinsame, allgemein gültige Prinzipien zugrundeliegen, die induktiv herausgearbeitet werden sollen.

Diese »erste Philosophie« wurde jedoch von Bacon nicht durchgeführt. Sie ist nur skizziert in der Methodenlehre des »Novum Organon«, worin Bacon als erster eine *Theorie der Induktion* ausarbeitet und damit die erkenntnistheoretisch-methodologischen Grundlagen der Erfahrungswissenschaften zu sichern sucht. Bacon ist Zeitgenosse von Kepler und Galilei; seine Ausarbeitung der naturwissenschaftlichen Methode liegt zeitlich parallel zu deren Erkenntnissen. Es war ein Anliegen der Zeit, auf die methodischen Grundlagen der neuen Naturwissenschaft zu reflektieren, um ihren weiteren Fortschritt und Ausbau zu sichern. Darin kommt Bacon als dem Systematiker der induktiven Methode ein hohes Verdienst zu. Doch hat er die Bedeutung dieser Methode sehr einseitig überschätzt. Er will die Induktion auf alle Erkenntnisbereiche ausdehnen, somit alle Erkenntnis auf die Einzelerfahrung zurückführen. Und darin liegt der spezifisch empiristische Ansatz seines Denkens. Erst *Kant* wird in der Auseinandersetzung mit dem Empirismus zur kritischen Erkenntnis kommen, daß die Induktion, wenn sie allgemeine und notwendige Gesetze ermitteln will, selbst schon allgemeine und notwendige Einsichten – bei Kant »synthetische Urteile a priori – voraussetzt. Damit ist das grundsätzliche Problem jeder Induktion gestellt, das bis heute in der Grundlagendiskussion der Naturwissenschaften eine zentrale Rolle spielt.

Von der induktiven Methode erhofft Bacon die grundlegende Erneuerung aller Wissenschaften und als Folge davon eine immer vollkommenere Welterkenntnis und Weltbeherrschung. Hier bricht ein neuer Gedanke durch, der für die neuzeitliche Wissenschaft richtungweisend wurde: der *praktisch-technische Nutzen* der Wissenschaft. Das griechische, theoretisch-kontemplative Ideal einer »Schau der Wahrheit« um ihrer selbst willen wird damit grundsätzlich aufgehoben und an seine Stelle die praktisch-technische Anwendbarkeit wissenschaftlicher Erkenntnis zur Beherrschung der Welt durch den Menschen gesetzt. »Die Induktion gibt uns die Herrschaft über die Welt durch die Erkenntnis ihrer Formen«, womit Bacon ausdrücklich an die aristotelische Formenlehre anknüpft; die Formen der Dinge sind der eigentliche Gegenstand wahrer Naturerkenntnis. Aber die Erkenntnis steht grundsätzlich im Dienst der Weltbeherrschung. Es geht nicht mehr um zweckfreie Wissenschaft, sondern um praktisch zweckgebundene Forschung. *Wissen ist Macht: »Tantum possumus quantum scimus«* – ein prägnantes Wort, das Bacon dem kommenden Zeitalter wissenschaftlicher Technik mit auf den Weg gibt.

Als Gegenstand der Philosophie bezeichnet Bacon Gott, die Natur und den Menschen. Diese Dreiheit entspricht der cartesianischen Einteilung der Substanzen und geht sowohl in Christian Wolffs Gliederung der »Metaphysica specialis« (in Kosmologie, Psychologie und natürliche Theologie) als auch schließlich in die drei Ideen der reinen Vernunft bei Kant (Welt, Seele und Gott) ein.

Der unmittelbare Einfluß Bacons war nicht bedeutend. Doch hat er entscheidend mitgewirkt, dem induktiven Denken der neuen Naturwissenschaft zum Durchbruch zu verhelfen; er hat dem Empirismus in England den Boden bereitet.

## 3.2 Hobbes

*Thomas Hobbes,* geboren 1588, war vielseitig wissenschaftlich, literarisch und politisch tätig, lebte mehrmals längere Zeit (insgesamt 20 Jahre) in Frankreich, setzte sich eingehend mit Descartes auseinander, entwickelte aber ihm gegenüber ein philosophisches System, das schon viel ausdrücklicher als bei Bacon empiristische Konturen zeigt. Er stirbt in hohem Alter 1679.

Sein enzyklopädisch-philosophisches System »Elementa philosophiae« besteht aus drei Teilen: »Über den Körper« *(De corpore,* London 1655), »Über den Menschen« (*De homine,* London 1658) und »Über den Bürger« *(De cive,* Paris 1642). Der letzte Teil wurde zuerst ausgeführt, grundlegend aber ist der erste Teil, »De corpore«. Darin ist zu Beginn die Logik und *Methodenlehre* enthalten. Auch für Hobbes ist das Methodenproblem grundlegend. Die richtige Methode ist aber allein die Methode der Mathematik und Naturwissenschaft. Was unsere Zeit von der früheren Barbarei unterscheidet, so sagt er, ist fast durchwegs der Geometrie zu verdanken. Denn was wir der Physik verdanken, das verdankt die Physik der Geometrie. Dagegen ist die traditionelle Metaphysik ein Gespenst, das durch das Licht der Vernunft vertrieben werden soll. Dies ist ein typischer Ausdruck der Zeit, die einerseits mit allem Herkömmlichen bricht, andererseits unter dem beherrschenden Eindruck mathematisch-naturwissenschaftlichen Denkens steht. Gegenstand der Philosophie sind die Körper, sowohl natürliche wie künstliche Körper, worunter Hobbes menschliche Gemeinwesen, auch den Staat, versteht. Sie müssen dadurch erklärt werden, daß die Wirkungen aus ihren Ursachen und die Ursachen aus ihren Wirkungen erkannt werden, so daß künftige Wirkungen voraussagbar werden und diese Erkenntnis den praktischen Gebrauch der Dinge möglich macht.

In der *Erkenntnislehre* verbindet Hobbes rationalistische mit empiristischen Elementen. Denken ist ein reines Rechenverfahren wie die mathematische Addition und Subtraktion. Es läßt ein rational deduktives Schlußfolgern zu. Darin aber ist ein deutlich nominalistisches Element wirksam. Denn dieses mathematische Denken ist eine bloße Kombination von Wortsymbolen, mit denen wir die Dinge kennzeichnen. Es gibt keinen echten Begriff, in dem sich eine Wesenserfassung des Dinges vollzieht.

Daraus folgt, daß es für Hobbes keine apriorische Notwendigkeit gibt, keine Einsicht in allgemeine und notwendige Wesensgesetze, weil es auch keine allgemeinen Wesensbegriffe gibt, in denen eine solche Einsicht fundiert wäre. Das Denken des Verstandes hat daher keine selbständige, die sinnliche Wahrnehmung übersteigende Erkenntnisfunktion. Es hat nur noch die Funktion einer Verarbeitung der sinnlichen Gegebenheiten; es hat die Erscheinungen nach Wortsymbolen zu ordnen. Der Verstand wird damit selbst zu einer höheren Sinnesfunktion. Hobbes führt – und darin ist das empiristische Element grundgelegt – ausdrücklich alle Erkenntnis auf die sinnlichen Empfindungen zurück. Die Sinnesqualitäten, die wir wahrnehmen, sind nur Modifikationen des empfindenden, vom Objekt affizierten Subjekts. Der Sinneseindruck ruft Lust oder Unlust hervor, er bewirkt Erinnerung, diese führt zur Assoziation von Ideen – alles auf rein mechanische Weise, in der auch alle Vorgänge des Lebens und des Bewußtseins erklärt werden sollen. Daraus ergibt sich weiter, daß es für Hobbes keine Willensfreiheit geben kann, sondern nur mechanisch notwendige Reaktionen auf äußere Einwirkungen. Hier ist bereits ein materialistisch-mechanistisches Welt- und Menschenbild grundgelegt, wie es später, vor allem seit der französischen Aufklärung, etwa bei Lamettrie, zu breiterer Auswirkung kommen wird.

Vielleicht noch wichtiger, jedenfalls unmittelbar einflußreicher, ist die *Staatslehre* von Hobbes, die er in dem Werk »De cive« und noch schärfer mit Angriffen gegen Staat und Kirche in dem berühmten »Leviathan« (London 1651) darlegt. Der Name geht auf das mythologische Untier zurück, das im Alten Testament als Bezeichnung der feindlichen Weltmächte der Assyrer und Babylonier erscheint (Is. 27, 1; Ps. 74, 14 u. a.), bei Hobbes aber zum Namen für das Untier Staat wird. Das Grundgesetz, das ursprünglich im Zusammenleben der Menschen wirkt, ist der Kampf aller gegen alle. Um sich darin aber doch zu sichern, eigene Rechte zu wahren, eine gewisse Ordnung im unausweichlichen Zusammenleben herzustellen, schließen sich die Menschen durch Verträge zusammen. So kommt es zur Ausbildung der menschlichen Gesellschaft. Ihr Ursprung ist der *Vertrag*. Hier taucht bereits die Vertragstheorie auf, die später von *Rousseau* als Lehre vom »contrat social« (Sozialvertrag) weiter ausgebildet wurde. In der näheren Auslegung des Gesellschaftsvertrages gehen allerdings Hobbes und Rousseau weit auseinander. Hobbes vertritt eine unumschränkte Staatsgewalt. Denn das Recht des Staates geht notwendig so weit, wie es das Wohl der Gemeinschaft verlangt. Nun verlangt aber das Gemeinwohl einen Staat, der die Einheit des Willens aller Staatsbürger repräsentiert und unbedingte Macht über alle besitzt. Nur ein Staat mit absoluter Staatsgewalt kann Frieden, Ordnung und Rechtssicherheit gewährleisten. Hobbes tritt hier entsprechend der Regierungsform seiner Zeit für die absolutistische Staatsform ein, die aber nur durch vertragsmäßige Rechtsübertragung der einzelnen auf den Staat und ihre Unterwerfung gegenüber dem Staat zustandekommt. Dieser ist ein künstlicher Organismus, der jedoch wie jeder natürliche Organismus mechanisch zu verstehen und nach seinen mechanischen Gesetzen vom Herrscher zu handhaben ist.

Schon seinen Zeitgenossen ist der widerspruchsvolle Charakter der Philosophie von Hobbes aufgefallen. Er ist eine Gestalt des Übergangs. Die Geistesrichtung, die in seinem Denken in Erscheinung tritt, kommt noch nicht zu klarer und konsequenter Ausbildung, wie es bei den folgenden Hauptvertretern des englischen Empirismus, besonders bei John Locke und David Hume geschehen wird.

## 3.3 Locke

*John Locke*, geboren 1632, studiert in London und Oxford, lernt die scholastische Philosophie in der nominalistischen Form kennen, die ihn zwar wenig befriedigt, aber dennoch maßgeblich beeinflußt. Großen Eindruck macht ihm die Klarheit und methodische Konsequenz des cartesianischen Denkens. Locke ist vielseitig wissenschaftlich interessiert. Neben der Philosophie betreibt er Medizin, Meteorologie und andere Naturwissenschaften. Einige Jahre lebt er in Frankreich (1675–1679) und später in Holland (1683–1689). Er stirbt in London 1704. Locke war ein klarer, nüchterner Denker, ausgeglichen und wahrheitssuchend, dabei von einem starken religiösen Anliegen erfüllt.

Lockes philosophisches Hauptwerk »An essay concerning human understanding« (London 1690) wurde noch zu Lebzeiten des Verfassers mehrmals neu aufgelegt und in französischer (Amsterdam 1700) und lateinischer (London 1701) Übersetzung herausgegeben. Es hat großen Eindruck gemacht und Einfluß gewonnen; Leibniz setzte sich damit in seinem »Neuen Versuch über den menschlichen Verstand« eingehend auseinander.

Weitere Werke von Locke sind: »Some thoughts concerning education« (London) 1693); »The Reasonableness of Christianity as delivered in the Scriptures« (London 1695); »Two treatises of Government« (London 1690). Unter den nachgelassenen Schriften, die nach seinem Tode erschienen (London 1706), ist die wichtigste: »The conduct of the understanding«.

## 3.31 Sinneseindruck

In seinem Hauptwerk »Versuch über den menschlichen Verstand« stellt Locke die erkenntniskritische Frage: Wie kommt die Erkenntnis zustande? Welchen Grad der Gewißheit kann sie erreichen und welchen Grenzen ist sie unterworfen? Schon in der Fragestellung zeigt sich der Einfluß von Descartes, dessen kritisch-methodisch radikaler Ansatz auf Locke tief eingewirkt hat. Er stellt sich die Aufgabe, die ursprünglichsten *Erkenntnisquellen* freizulegen. Er will die komplexen Bewußtseinsinhalte zurückführen auf einfachste Urelemente, aus denen sie zusammengesetzt sind. Es geht hier wiederum um die einfachsten und unmittelbarsten Inhalte der Erkenntnis. Diese Frage ist hier mit Descartes gemeinsam, ebenso wie die Methode der Reflexion, die dazu eingesetzt wird.

In der Beantwortung der Frage geht aber Locke von Anfang an andere Wege als Descartes. Für ihn gibt es weder eingeborene Ideen noch eingeborene Prinzipien, seien es theoretische Grundsätze wie die ersten Prinzipien der Identität und des Widerspruchs, oder praktische Grundsätze wie moralische und rechtliche Normen. Dieser Widerlegung des rationalistischen Ansatzes der »ideae innatae« ist das erste Buch des Werkes gewidmet. Das zweite Buch geht zur positiven Frage über, woher die Inhalte der Erkenntnis stammen. Die Antwort lautet: aus der *Erfahrung*. Die Seele ist ursprünglich leer wie ein unbeschriebenes Blatt Papier (a white paper) – ein Vergleich, der auf Aristoteles (De an. III, 4) zurückgeht. Damit will Locke eingeborene Anlagen oder Vermögen der Seele nicht bestreiten, nur handelt es sich dabei nicht um Ideen oder Bewußtseinsinhalte; diese stammen allein aus der Erfahrung.

Wenn hier wie im ganzen Empirismus – ebenso wie im Rationalismus – von *»Ideen«* die Rede ist und nach ihrem Ursprung gefragt wird, muß man den Bedeutungswandel dieses Begriffes beachten. Das Wort »Idee« (englisch »idea«) meint weder eine platonische Idee im Sinne einer allgemeinen Wesenheit noch eine cartesianische Idee im Sinne einer reinen Vernunftseinsicht, aber auch nicht einen durch Abstraktion gewonnenen Begriff. Das Wort ist vielmehr im weitesten Sinn gebraucht und bedeutet jegliche Vorstellung, jeden Bewußtseinsinhalt sowohl begrifflich-rationaler als auch sinnenhafter Art. Locke sagt darüber: »Alles, was der Geist in sich selbst wahrnimmt und was den unmittelbaren Inhalt seiner Wahrnehmung ausmacht, nenne ich Idee (idea)«; und er erklärt weiter, daß darunter alles verstanden wird, »was immer man unter Einbildung, Vorstellung, Begriff, oder womit sich sonst der Geist beim Denken beschäftigen mag, versteht« – also die Gesamtheit der Inhalte und Gegenstände des Bewußtseins.

Alle diese Elemente stammen aus der Erfahrung, aber nicht allein aus der äußeren, sinnlichen, sondern auch aus der inneren Erfahrung. Locke macht diesen grundlegenden Unterschied: *»sensation«* ist äußere, *»reflection«* innere Erfahrung. In der äußeren Erfahrung nehmen wir durch sinnliche Eindrücke die körperlichen Dinge wahr. In der inneren Erfahrung »reflektieren« wir auf unsere eigenen Akte und Erlebnisse. Die »reflection« setzt aber die »sensation« voraus. Die Inhalte der Erfahrung stammen allein aus der sinnlichen Wahrnehmung. Wenn man diese Inhalte kritisch prüfen will, muß man sie auf ihre einfachsten Grundelemente zurückführen. So unterscheidet Locke weiter zwischen einfachen und zusammengesetzten Ideen.

Einfache Ideen sind nur passiv von uns aufgenommen, nicht durch Eigentätigkeit in uns hervorgerufen; es sind die einfachsten Inhalte der sinnlichen Empfindung.
Schon bei den einfachen Ideen, die wir durch sinnliche Empfindung (sensation) erhalten, macht Locke den Unterschied zwischen primären und sekundären Sinnesqualitäten. Nur die *primären Qualitäten* (primary qualities) sind reale Eigenschaften der Dinge, nämlich Ausdehnung und Gestalt, Undurchdringlichkeit, Bewegung, Ruhe und Zahl. Die *sekundären Qualitäten* (secundary qualities), nämlich Farbe, Ton, Geschmack, Geruch und Wärme, sind nicht Eigenschaften der Dinge selbst, sondern nur durch die Dinge in unseren Sinnesorganen hervorgerufen. Diese Unterscheidung stammt vermutlich vom Begründer der wissenschaftlichen Chemie, *Robert Boyle* (De ipsa natura, 1682), geht aber der Sache nach schon auf Descartes zurück, der allein die Bestimmungen der Körperdinge, die auf die Ausdehnung rückführbar sind und daher exakt in einer »klaren und deutlichen Idee« erfaßt werden können, für reale Eigenschaften der Dinge hält. Die Unterscheidung zwischen primären und sekundären Sinnesqualitäten geht aber erst durch Locke in die gesamte psychologische und philosophische Terminologie ein. Problemgeschichtlich ist sie bedeutsam, als sie den empiristischen Ansatz fragwürdig macht. Locke will ja auf die ursprünglichen Bewußtseinsinhalte zurückgehen, die in ihrer Einfachheit und Unmittelbarkeit, vor jeder vermittelnden Eigentätigkeit des Subjekts, ihre Wahrheit verbürgen. Hier zeigt sich aber, daß auch die ersten und unmittelbaren Empfindungsgehalte noch einmal kritisch gesichtet werden müssen. Im Bereich der sekundären Qualitäten kommt bereits die Vermittlung durch das erkennbare Subjekt in den Blick.

### 3.32 Begriffsbildung

Die Eigentätigkeit des Subjekts nehmen wir in der inneren Erfahrung und Reflexion (reflection) wahr. So haben wir die Möglichkeit, die subjektiven und willkürlichen Zutaten unseres eigenen Denkens festzustellen und kritisch auszuscheiden. Die inneren Akte des Denkens, in denen wir die sinnlichen Eindrücke überarbeiten oder umgestalten, führt Locke auf drei Arten zurück, die wir stichwortartig bezeichnen können als Kombination, Relation und Abstraktion. Wir kombinieren einfache Ideen und bilden daraus eine zusammengesetzte Idee, die Locke *Komplex-Idee* (complex idea) nennt. Wir bringen verschiedene Ideen in Relation zueinander, indem wir sie vergleichen, zwischen ihnen Identität, Ähnlichkeit, Verschiedenheit usw. feststellen und dadurch *Relationsbegriffe* (ideas of relation) bilden. Schließlich sondern wir eine Idee von den anderen Inhalten ab, mit denen ihr Inhalt in der Wahrnehmung des Dinges verbunden war, heben sie durch Abstraktion ab und erreichen dadurch einen abstrakten *Allgemeinbegriff* (abstract idea), der sich auf eine Mehrheit von Einzeldingen bezieht.

Unter den Komplexideen ist besonders wichtig die Idee der *Substanz.* Sie entspringt nach Locke einer konstanten Verbindung einfacher Ideen. Bestimmte Eigenschaften, primäre und sekundäre Qualitäten, finden wir in konstanter Verbindung vor; sie bilden einen beharrlichen Komplex sinnlicher Qualitäten. Daher schreiben wir diese Eigenschaften einem gemeinsamen, tragend zugrundeliegenden Substrat zu, das wir Substanz nennen, ohne aber zu wissen, was es an sich sei. Unserer Erkenntnis objektiv gegeben ist immer nur die konstante Verbindung verschiedener einfacher Ideen. Mit dieser kritischen Untersuchung, in der das typisch empiristische Element deutlich wirksam wird, will Locke jedoch nicht den Substanzbegriff selbst preisgeben. Er hält an der Realität der Substanz ebenso fest wie an der Unterscheidung zwischen materiellen und geistigen Substanzen. Wir können sie nur in keiner Weise in ihrem eigenen Wesen erreichen oder bestimmen. Locke bietet damit den entscheidenden Ansatz zur Kritik des Substanzbegriffes, die noch radikaler von Hume weitergeführt und, wenn auch auf andere Weise, von Kant wieder aufgenommen wird. Locke hat das Problem aufgeworfen, das über ihn hinaus fortwirken sollte.

Ähnliches gilt von den Relationsideen. Wir greifen hier einen Begriff heraus, der in der Folgezeit ebenso wichtig wird wie der Substanzbegriff: der Begriff der *Ursache.* Damit ist für Locke gemeint, »was notwendig als vorausgehend gedacht werden muß, wenn etwas zu existieren beginnt«. Es ist also nicht mehr eine innere Kausalbeziehung, die auf einem aktiven und produktiven Geschehen beruht, wodurch eine Wirkung hervorgebracht wird, sondern es ist allein eine Notwendigkeit des Denkens, etwas als vorausgehend anzunehmen, weil wir beobachten, daß auf bestimmte Erscheinungen andere Erscheinungen folgen. Daraus ergibt sich eine Assoziation von Vorstellungen (association of ideas), in welcher wir aus psychologischer Notwendigkeit mit der einen Idee (der Wirkung) die andere Idee (der Ursache) verbinden. Es ist also nicht mehr eine in der Sache liegende Kausalrelation, sondern eine psychologische Assoziation. Der von Locke festgestellte Vorgang der Assoziation wird in der Psychologie eine breite Auswirkung haben. Bezüglich der Kausalrelation wird aber der kritische Ansatz bei Locke wiederum – wie die Substanzkritik – von Hume aufgegriffen und radikaler weitergeführt, auch er wird unter dem Anstoß Humes in Kants Vernunftkritik aufgenommen.

Die dritte Gruppe von Ideen, die durch unser Denken zustande kommen und durch Reflexion vorgefunden werden, sind die Universalideen. Sie werden durch *Abstraktion* gebildet. Diese bedeutet aber etwas ganz anderes als in der klassischen aristotelisch-scholastischen Abstraktionslehre. Sie meint nicht mehr das Vordringen des Denkens zum intelligiblen Wesensgehalt des sinnlich wahrnehmbaren Dinges (intelligibile in sensibili), sondern nur noch das äußere Weglassen von bestimmten Inhalten oder Eigenschaften des konkreten Dinges, so daß wir die Dinge leichter ordnen und klassifizieren, mit einem gemeinsamen Wort bezeichnen können, das von ihrer Verschiedenheit absieht. Der Allgemeinbegriff ist nur noch ein gemeinsamer Name, der einer Mehrheit von Dingen äußerlich beigelegt wird, nicht mehr deren innerlich gemeinsames Wesen. Das ist rein nominalistisch gedacht – wie überhaupt der englische Empirismus geradlinig dem Nominalismus entspringt.

### 3.33 Gewißheit

In seltsamem Gegensatz dazu steht Lockes Lehre von der Gewißheit unserer Erkenntnis (im 4. Buch des »Essay«). Hier stellt er die Frage, wie wir zu sicherem Wissen gelangen können. Dieses besteht in der Erkenntnis der Übereinstimmung oder des Widerstreits zwischen unseren Ideen. Der höchste und sicherste Grad ist gegeben durch unmittelbar *intuitives* Wissen, das die
 Übereinstimmung oder deren Gegensatz aus dem Vergleich der

Ideen unmittelbar einsieht. So erkennen wir, daß Weiß nicht Schwarz und daß der Kreis kein Dreieck ist. Ebenso klar und sicher erkennen wir, daß wir selbst existieren, weil wir dies in intuitiver Unmittelbarkeit wahrnehmen. Darin ist die Garantie der Wahrheit gegeben.

Daneben gibt es aber als zweiten Grad der Erkenntnis auch *demonstratives* Wissen, das die Übereinstimmung oder Nichtübereinstimmung von Ideen nur durch Vermittlung von Zwischenvorstellungen feststellen kann. Damit ist ein schlußfolgerndes Beweisverfahren gemeint, das zu sicherem Wissen führt. Der Beweis ist nicht so leicht und nicht so klar wie intuitives Wissen, und jeder einzelne Schritt des Beweisverfahrens muß sich wieder auf intuitive Einsicht gründen. Derart ableitendes Wissen ist in der Mathematik möglich, aber auch in etwa in der Moral. Denn die moralischen Prinzipien sind intuitiv einsichtig. Von ihnen können die konkreten Normen des Handelns abgeleitet werden. Demonstratives Wissen haben wir auch vom Dasein Gottes, weil intuitiv einsichtig ist, daß aus nichts auch nichts hervorgehen kann, daß also ein ewiger Ursprung alles Seins vorauszusetzen ist: Gott als allmächtiger und allwissender Schöpfer der Welt.

Als den letzten und niedrigsten Grad der Gewißheit führt Locke das *sensitive* Wissen an. Es erreicht keine volle Gewißheit. Solches Wissen haben wir von der Existenz endlicher Dinge außer uns, aber es reicht nicht über die sinnlich wahrnehmbaren Gegenstände hinaus. Wir haben kein sicheres Wissen von den Körperdingen, weil uns von ihnen adäquate Ideen fehlen. In dieser Bewertung der Stufen unseres Wissens zeigt sich ein eigenartiger Gegensatz zum empiristischen Ansatz. Einerseits wird alle Erkenntnis auf sinnliche Wahrnehmung zurückgeführt; andererseits wird der sinnlichen Wahrnehmung doch der geringste Grad der Gewißheit zuerkannt. Es gibt hier offenbar über die Sinnlichkeit hinaus eine intuitive Einsicht des Geistes, der die höchste Gewißheit, sogar jede voll gültige Gewißheit entspringt.

Weil aber das Wissen des Menschen beschränkt ist, hat Gott durch seine *Offenbarung* unser Wissen bereichert. So endet Lockes »Versuch über den menschlichen Verstand« mit einer Hinführung des Denkens zum Glauben. Was Gott geoffenbart hat, ist unbedingt anzunehmen, weil es unzweifelhaft wahr ist. Zwischen Wissen und Glauben, Vernunft und Offenbarung kann es keinen Widerspruch geben, weil beide von Gott stammen. Was aber göttliche Offenbarung sein kann und was nicht, das muß die Vernunft beurteilen. »Die Vernunft muß überall unser letzter Richter und Führer sein.«

### 3.34 Aufklärung

In demselben Geist schreibt Locke auch die Abhandlung über »Die Vernunftgemäßheit des Christentums«. Darin will er zeigen, wie sehr der christliche Glaube dem natürlichen Denken und Empfinden des Menschen entspricht. Daher faßt er das Christentum so weit und allgemein auf, daß es keine bestimmte Konfession mehr erfordert. Hier beginnt schon deutlich die Aufklärung, die, der Konfessionskämpfe der Reformation und Gegenreformation müde geworden, den christlichen Glauben auf eine rein *natürliche Religion* zurückführt, auf eine Ebene also, auf der sich alle Konfessionen begegnen und einigen können. Demgemäß verlangt Locke auch weitgehende Toleranz gegenüber allen Konfessionen. Niemand soll wegen seines religiösen Bekenntnisses vom Staatswesen ausgeschlossen werden, weder Juden noch Moslems oder Heiden. Ausgenommen sind nur die Katholiken und die Atheisten. Die Katholiken, weil sie durch ihre Abhängigkeit von Rom die bürgerliche Ruhe und Freiheit gefährden; die Atheisten, weil sie Gott und die Offenbarung, somit die Grundlagen der staatlichen Ordnung, bestreiten.

Bei John Locke ist der entscheidende Ansatz für den Empirismus gegeben. Wenn in seinem Denken noch gewisse Elemente wirksam sind, die dem Rationalismus verhaftet erscheinen und den Empirismus noch nicht zur vollen Ausprägung kommen lassen, so wird Hume dagegen die empiristische Denkweise zu ihrer letzten, radikalsten und konsequentesten Vollendung bringen.

## 3.4 Berkeley

Zeitlich zwischen Locke und Hume steht Berkeley, der den empiristischen Ansatz über Locke hinaus verschärft, zugleich aber mit einer idealistischen Deutung verbindet. Dies ist bemer-

kenswert, weil es zum Ausdruck bringt, daß die sinnliche Gegebenheit, welche der Empirismus zum Ausgangspunkt aller Erkenntnis macht, von sich aus durchaus mehrdeutig, das heißt: für verschiedene, sogar gegensätzliche Deutungen offen ist, also nicht nur materialistisch ausgelegt werden kann, wie es in der Folgezeit zumeist geschieht, sondern auch ganz anders, nämlich spiritualistisch. Eine solche Auslegung gibt Berkeley, ohne die empiristischen Grundlagen damit aufzugeben.
*George Berkeley* wurde 1685 in Irland geboren, er studiert am Trinity College in Dublin, wirkt sodann als anglikanischer Kaplan in Dublin, später in London, ist dazwischen mehrere Jahre auf Reisen in Frankreich und Italien (1713/14 und 1715–1720) und lebt zwei Jahre als Missionar in Rhode Island (1729–1731). 1734 wird er Bischof von Cloyne in Irland und stirbt 1753 in Oxford. Sein Hauptwerk ist »A Treatise concerning the principles of human knowledge« (Dublin 1710). Daneben stehen: »A new theory of vision« (Dublin 1709), »Tree dialogues between Hylas and Philonous« (London 1713), »Alciphron« (London 1732) und andere Schriften, darunter sein Tagebuch, in dem er schon früh seine Grundanschauung entwickelt.

### 3.41 Empiristischer Ansatz

Die Grundlage seines Denkens bildet ein Empirismus, den Berkeley im wesentlichen von Locke übernimmt, aber über ihn hinaus noch fortbildet und verschärft. Dies zeigt sich schon deutlich am Beginn des »Treatise«, wo er jede abstrakte Allgemeinidee ablehnt. Damit wendet er sich nicht nur gegen die Existenz allgemeiner Ideen im platonischen Sinne, sondern auch gegen jede Vorstellung allgemeiner und abstrakter Inhalte – das Wort »idea« ist hier wieder im weitesten Sinn von Vorstellungs- oder Bewußtseinsinhalt gebraucht. Ein Mensch im allgemeinen kann gar nicht vorgestellt werden, sondern immer nur dieser oder jener bestimmte Einzelmensch; ebensowenig ein allgemeines Dreieck, das weder gleichseitig noch ungleichseitig, weder recht- noch schiefwinkelig wäre. Vorgestellt werden kann immer nur ein konkret bestimmtes Einzelding. Es gibt nur Einzelvorstellungen, nicht allgemeine Vorstellungen. Wohl aber gibt es Worte unserer Sprache, die mehr als einen Gegenstand bezeichnen. Dies wurde zum Anlaß für die irrige Meinung, wir hätten abstrakte und allgemeine Vorstellungen.

Das ist Nominalismus im reinsten Sinn. Es gibt *keinen Allgemeinbegriff*, der das allgemeine, einer Mehrheit von Dingen gemeinsame Wesen erfassen würde. Es gibt nur Wörter als sprachliche Zeichen, mit denen wir eine Mehrheit von Dingen äußerlich benennen, um sie zu ordnen und zu klassifizieren. Aber das Wort weist jeweils auf das bestimmte und konkrete Einzelding hin, das wir wahrnehmen oder vorstellen. Zugleich wird hier jedoch noch mehr als bei Locke deutlich, daß der Empirismus in einem *Sensismus* gründet. Wenn Berkeley sagt, wir können das Allgemeine nicht vorstellen, so ist damit offenkundig allein die sinnliche Vorstellung gemeint. Abstrakte und allgemeine Inhalte können wir sicher niemals sinnenhaft vorstellen, weil die Sinneserkenntnis wesentlich dem konkret bestimmten, sinnlich erscheinenden Einzelding zugeordnet ist. Daß wir allgemeine Inhalte zwar nicht sinnlich vorstellen, aber intellektuell denken, einen Allgemeinbegriff bilden können, der dem Wort sinngebend zugrundeliegt, dies ist hier vollkommen preisgegeben. Das Denken wird auf die sinnliche Vorstellung reduziert und verliert jede eigene, höhere Funktion.

### 3.42 Idealistische Deutung

Trotzdem entstammt die Sinneserkenntnis nicht real existierenden Körperdingen, deren Eigenschaften sich unseren Sinnen darbieten und einprägen, vielmehr sind die sinnlichen Wahrnehmungen für Berkeley nichts anderes als reine *Vorstellungen des Geistes.* Ihr Inhalt existiert nicht in realen materiellen Substanzen, sondern allein in der Vorstellungswelt des Geistes. Die Lockesche Unterscheidung zwischen primären und sekundären Sinnesqualitäten wird aufgegeben. Nicht nur die sekundären Qualitäten (wie Farbe, Töne, Geschmack, Geruch usw.) sind rein subjektive Vorstellungen, sondern auch die primären Qualitäten (wie Ausdehnung, Gestalt, Größe, Bewegung und Ruhe usw.). Etwa die räumliche Größe oder Entfernung eines Gegenstandes wird nicht unmittelbar sinnlich empfunden, sondern ihre Vorstellung wird durch die Verbindung des optischen Eindrucks mit Bewegungsempfindungen, Erinnerungen und Assoziationen hervorgerufen. Dies geschieht nicht aus logischer Notwendigkeit, sondern durch Übung und Gewöhnung.

Berkeley sucht zu beweisen, daß die Annahme einer außer uns existierenden Körperwelt nicht nur unbegründet, sondern in sich widerspruchsvoll sei. Es gibt keine materielle Welt, die unseren Vorstellungen entspräche. Das Sein der Körperdinge besteht darin, daß sie wahrgenommen werden; so ist das berühmte Wort *»esse est percipi«* zu verstehen. Es gibt also nicht außer uns eine Vielheit materieller Dinge, aber es gibt sehr wohl eine Vielheit von real Seiendem, sogar von realen Substanzen, jedoch nur von geistigen, immateriellen Substanzen. Berkeley behält somit den Begriff der Substanz bei, wendet ihn aber allein auf geistige Realitäten an. Sein Empirismus und Sensismus erweist sich so als reiner *Spiritualismus*. Bezüglich der materiellen Welt ist es ein Idealismus, der die realen Dinge in reine Bewußtseinsinhalte – »Ideen« – des Geistes aufhebt.

Die Vorstellungsgehalte, die wir in uns vorfinden, sind jedoch nicht von uns selbst hervorgebracht; sie sind nicht aktive Setzungen unseres Geistes. Wir erfahren unsere Erkenntnis nicht als produktiv, sondern als passiv, rezeptiv. Die Vorstellungen müssen also einer anderen Ursache entstammen. Diese Ursachen können nicht materielle Dinge sein, weil es außer unseren Vorstellungen keine materiellen Dinge gibt noch geben kann. Also müssen die Vorstellungen von einem geistigen Wesen stammen, und zwar von dem unendlichen und allmächtigen Geist, der die endlichen Geistwesen erschaffen hat, nämlich von *Gott*. Er bringt in uns die Vorstellungen hervor. Er bringt auch die Übereinstimmung der Vorstellungen in den einzelnen Geistwesen hervor, so daß wir uns in einer gemeinsamen Vorstellungswelt erfahren. Alle Inhalte, die wir darin wahrnehmen, sind Mitteilungen Gottes an uns, gleichsam sein Wort, das uns unmittelbar anspricht, so daß wir auch in allen Dingen, die wir in unserer Vorstellung erfahren, Gottes Stimme vernehmen und verstehen sollen.

Hiermit verrät Berkeley eine gewisse Nähe zu *Malebranche*, mit dem er sich in den »Drei Dialogen« auch ausdrücklich auseinandersetzt. Die Gemeinsamkeit besteht darin, daß alle Erkenntnis von Gott bewirkt ist. Dabei betont Berkeley den Unterschied, er lehre nicht wie Malebranche, daß wir alle Dinge in Gott selbst sehen, sondern nur, daß Gott in uns die Vorstellungen bewirkt; er führe auch nicht nur abstrakte und allgemeine Ideen auf Gott zurück, sondern die Gesamtheit unserer Vorstellungen. Er behaupte auch nicht, daß die Sinne uns täuschen und wir aus der sinnlichen Wahrnehmung nicht die wahre Natur der Dinge erkennen, da es überhaupt keine materiellen Dinge außer unserer Vorstellung gebe. Vielmehr sind alle Vorstellungen allein von Gott in unserem Geist hervorgebracht.

Wenn sich in Berkeleys Philosophie auch auf seltsame Weise das empiristisch-sensistische mit einem spiritualistisch-idealistischen Element verbindet, so erweist sich problemgeschichtlich seine Position als sehr bedeutungsvoll. Ihm geht es darum, zu zeigen, daß die empiristische Auffassung der Erkenntnis noch durchaus verschieden deutbar ist. Wenn der Empirismus die Erkenntnis in der Sinneserfahrung begründet, so setzt er zwar die Tatsache voraus, daß wir sinnliche Erscheinungen erfahren. Daraus folgt aber noch nicht unmittelbar, daß ihnen reale Dinge entsprechen. Nimmt man reale Dinge als Ursache der Erscheinungen an, so muß es sich um materielle Dinge von sinnlich wahrnehmbarer Beschaffenheit handeln. Wird nun empiristisch die gesamte Erkenntnis auf die sinnliche Wahrnehmung reduziert, so folgt daraus, daß es nur materielle Dinge gibt; es folgt eine materialistische Weltauffassung. Dies ist jedoch nur eine *Deutung*, die schon weit über die bloße Wahrnehmung sinnlicher Erscheinungen hinausgeht. Man kann diese auch anders interpretieren, sogar extrem anders, wie Berkeley es tut. Er bleibt bei der bloßen Erscheinung als einem Phänomen unseres Bewußtseins, dem jedoch kein materielles Ding entspricht. Wohl aber setzt das Phänomen ein bewußtes, also geistiges Subjekt voraus, dem es zur Erscheinung kommt. Diese spiritualistische Deutung ist ebenso möglich wie die materialistische, wenn sich diese auch vom empiristischen Ansatz her nahezulegen scheint und in der Folgezeit vorherrschend wird. Berkeley bezeugt dagegen, daß dies nur eine der möglichen Auslegungen ist, gegenüber welcher der empiristische Ansatz als solcher indifferent bleibt.

## 3.5 Hume

Der Empirismus von John Locke erhielt seine radikalste und konsequenteste Ausbildung durch David Hume; er wurde zum eigentlichen Klassiker des englischen Empirismus. Er hat nicht nur die weitere Entwicklung der Philosophie in England entscheidend bestimmt, sondern auch einen tiefen Einfluß auf Kant ausgeübt und ist dadurch in die gesamte Fortentwicklung der neuzeitlichen Philosophie eingegangen.

*David Hume* wurde 1711 in Edinburgh, Schottland, geboren, studiert dort Rechtswissenschaft, aber interessiert sich noch mehr für Philosophie, Literatur und Geschichte. Auch er macht – wie Hobbes und Locke – große Reisen, lebt 1734–1737 in Frankreich, später 1748/49 in Italien. Mit 23 Jahren schreibt er sein erstes philosophisches Werk »A treatise on human nature«, das in drei Bänden (London 1739/40) erscheint, aber wenig Beachtung findet. Besser aufgenommen wurden die »Essays moral and political« (Edinburgh 1741/42). Aus einer Überarbeitung des ersten Teils des »Treatise« entstanden die »Philosophical Essays concerning human understanding« (London 1748), bekannter unter dem Titel der zweiten Auflage »An Enquiry concerning human understanding« (London 1751); es ist zum viel beachteten Hauptwerk Humes geworden. Der zweite Teil der Überarbeitung erhält den Namen »An Enquiry concerning the principles of morals« (London 1751). Später wendet sich Hume anderen, vor allem historischen und religionswissenschaftlichen Arbeiten zu. Er schreibt in 6 Bänden »The History of Great Britain« (1754–1762), unter anderen kleineren Studien »The natural history of Religion« (London 1757), sachlich weitergeführt in der Schrift, die erst nach seinem Tode erschienen ist, »Dialogues concerning natural religion« (London 1779). Daneben verfaßt er politische und nationalökonomische Schriften, schließlich eine Autobiographie, die nach seinem Tode (London 1777) herauskam. Zum berühmten Mann geworden, lebt Hume (1763–1766) wieder in Frankreich, findet in Paris glänzende Aufnahme, kommt mit Rousseau und den Enzyklopädisten in Verbindung. Nach England zurückgekehrt, wird er Unterstaatssekretär im Auswärtigen Amt (1767/1768), danach lebt er zurückgezogen in seiner Heimatstadt Edinburgh, wo er 1776 stirbt.

### 3.51 Empiristische Grundlagen

Das Denken Humes ist besonders in seinem Frühwerk, dem »Traktat über die menschliche Natur«, deutlich abhängig von *Locke.* Durch die Lehre vom Menschen will er die Grundlage für das gesamte System der Wissenschaften gewinnen. Es geht ihm um eine erkenntniskritische Fundierung des menschlichen Wissens. Die einzig sichere Erkenntnisquelle aber ist die Erfahrung und Beobachtung (*experience and observation*), also die Methode der Naturwissenschaft. Die empirisch-experimentelle Methode soll angewendet werden auf die Philosophie, auf die Ethik, auch auf den ganzen Bereich dessen, was man später als Geisteswissenschaften bezeichnen wird. Darin liegt das umfassende Programm, das Hume sich stellt.

So werden die menschlichen Erkenntnisse kritisch analysiert, ähnlich wie bei Locke, dem Hume auch in Einzelheiten eng folgt. Er übernimmt die Lockesche Zweiheit der Quellen unserer Bewußtseinsinhalte, *»sensation«* und *»reflection«*, wie die Unterscheidung von einfachen und zusammengesetzten Ideen. Er folgt Locke auch darin, daß die einfache Ideen rein passiv durch die Sinne aufgenommene Eindrücke oder Abbilder der Gegenstände sind. Hier macht er aber den Unterschied zwischen *»impressions«* (Eindrücken) und *»ideas«* (Ideen). »Impressions« sind aktuelle Empfindungen der äußeren Sinne, somit Abdrücke der sinnlich wahrgenommenen Gegenstände. »Ideas« sind bei ihm nicht Ideen oder Begriffe im eigentlichen Sinn, sondern reproduzierte Sinneserkenntnisse, also Vorstellungen, die durch die Erinnerung oder die Einbildungskraft in uns wiedererweckt werden. Sie sind darum weniger klar, weniger lebendig; sie sind schwächere Vorstellungen, gewissermaßen abgeblaßte Wahrnehmungen. Daraus ergibt sich, daß auch hier der ganze Bereich begrifflichen Denkens auf die sinnliche Wahrnehmung zurückgeführt wird. Der Begriff ist eine reproduzierte Vorstellung eines früher aktuell wahrgenommenen Gegenstandes, also ein Produkt der Einbildungskraft, aber ein schwächeres, undeutlicheres, abgeblaßtes Sinnenbild.

Allerdings haben wir auch die Fähigkeit, den sinnlichen Wahrnehmungsgehalt selbsttätig umzuformen. Dies geschieht durch *Kombination* von Vorstellungen, woraus zusammengesetzte Ideen entstehen; sie sind zusammengesetzt aus einfachen Sinneseindrücken. Hier steht deutlich die Unterscheidung zwischen einfachen und zusammengesetzten Ideen bei Locke dahinter. Auch Hume will die psychologischen Gesetze ergründen, die bei der Bildung zusammengesetzter Ideen wirksam sind. Er erklärt die Ideenverknüpfung – auch darin Locke folgend – durch psychologische *Assoziation,* also dadurch, daß Erfahrungsinhalte, die in einer bestimmten Beziehung oder Verbindung miteinander wahrgenommen wurden, mit einer gewissen psychologischen Notwendigkeit verbunden vorgestellt werden. Die Vorstellung des einen ruft die Vorstellung des anderen hervor; sie treten in Assoziation auf.

Hume kennt drei Prinzipien der Assoziation, also drei Arten der Bezogenheit oder Verbundenheit von Inhalten als Ursprung der assoziativen Vorstellung. Der erste Grund der Assoziation ist die *Ähnlichkeit:* Ähnliches wird in Verbindung miteinander vorgestellt. Der zweite Grund liegt in zeitlicher und räumlicher *Berührung:* Was wir in Raum und Zeit verbunden wahrnehmen, stellen wir auch in Verbindung miteinander vor. Der dritte Grund liegt im Verhältnis von *Ursache und Wirkung:* Mit der Vorstellung der Wirkung verbindet sich assoziativ die Vorstellung der Ursache und umgekehrt. Was Hume allerdings unter Ursache und Wirkung versteht, wird sich im folgenden noch zeigen.

Aus all dem scheint zu folgen, daß für Hume unser ganzes Denken vollkommen untergeht in der sinnlichen Vorstellung und eine begriffliche Erfassung von Wesensstrukturen oder -gesetzen nicht mehr möglich ist. Dennoch wird diese Konsequenz an der Stelle durchbrochen, wo Hume in der inneren Erfahrung auf Sachverhalte stößt, die in eine andere Richtung weisen. Er macht nämlich in unseren Vorstellungs- oder Bewußtseinsinhalten die Unterscheidung zwischen *Ideenbeziehungen* (relations of ideas) und *Tatsachen* (matters of fact). Diese Zweiheit, die Hume im »Enquiry« entwickelt, meint zunächst dasselbe wie die Unterscheidung, die *Leibniz* zwischen Vernunftwahrheiten (verités de raison) und Tatsachenwahrheiten (verités de fait) macht.

Hume schreibt darüber: »Alle Gegenstände der menschlichen Vernunft und Forschung lassen sich naturgemäß in zwei Arten zerlegen, nämlich in Beziehungen von Vorstellungen (relations of ideas) und Tatsachen (matters of fact). Von der ersten Art sind die Wissenschaften der Geometrie, Algebra und Arithmetik;

und kurz gesagt, jede Behauptung von entweder intuitiver oder demonstrativer Gewißheit ... Sätze dieser Art sind durch die reine Tätigkeit des Denkens zu entdecken, ohne von irgendeinem Dasein in der Welt abhängig zu sein. Wenn es auch niemals einen Kreis oder ein Dreieck in der Natur gegeben hätte, so würden doch die von Euklid demonstrierten Wahrheiten für immer ihre Gewißheit und Evidenz behalten.« (Enquiry IV, 1).

Daraus ergibt sich, daß Hume zu den Beziehungen von Vorstellungen alle intuitiv einsichtigen Wahrheiten rechnet wie die Gesetze der Arithmetik und Geometrie, die sich nicht auf real existierende Einzeldinge beziehen. Sie sind unabhängig von der Existenz des Gegenstandes in sich selbst gültig. Auch wenn ich keinen Kreis oder kein Dreieck real wahrnehme, ja wenn es überhaupt keinen Kreis und kein Dreieck wirklich gäbe, so hätten die geometrischen Sätze über den Kreis und das Dreieck doch unbedingte und unabänderliche Geltung.

Hier stellt sich jedoch die Frage: Führt diese Feststellung von allgemein gültigen Vernunftwahrheiten nicht schon über das empiristische Erkenntnisprinzip hinaus? Könnten wir allgemein und notwendig gültige Wesensgesetze einsehen, wenn wir nur vage Sinnesvorstellungen der Dinge hätten, nicht aber Begriffe, die eine allgemein gültige Wesensstruktur erfassen und damit über die sinnliche Vorstellung hinausgehen? Der Begriff des Kreises mag mit einer vagen, undeutlichen Vorstellung eines Kreises verbunden sein, er selbst aber erfaßt das Wesen des Kreises. Ich weiß, was ein Kreis ist, auch wenn ich mir durch die Einbildungskraft nur undeutlich einen Kreis vorstelle. Erst aufgrund dieses Wissens, das eine Wesensstruktur erfaßt, können notwendige Wesensgesetze des Kreises eingesehen werden. Dies zeigt, daß das Denken die bloße Vorstellung sinnlicher Art wesentlich übersteigt.

Die zweite Gruppe von Bewußtseinsinhalten sind die *Tatsachenwahrheiten* (matters of fact). Eine Tatsache ist nie allein aus dem Begriff zu erweisen, sondern fordert, wenn sie nicht unmittelbar gegeben ist, eine andere Art der Beweisführung. Man muß von einem unmittelbar gegenwärtigen Faktum ausgehen und aufgrund eines Kausalzusammenhangs die andere Tatsache erschließen. Damit wendet sich Hume gegen die rationalistische Meinung, allein aus Begriffen auf die Wirklichkeit schließen zu können. Die Frage ist aber, wie Hume die Kausalität erklärt, die für jede mittelbare Erkenntnis von Tatsachen, erst recht für die metaphysische Erkenntnis einer nicht unmittelbar erfahrenen Wirklichkeit von fundamentaler Bedeutung ist. Hier setzt Humes kritische Analyse des Kausalbegriffs und in Zusammenhang damit des Substanzbegriffes ein.

### 3.52 Kritik der Kausalität

Diese beiden Probleme sind nicht nur sachlich von zentraler Bedeutung für philosophische Erkenntnis, sie haben auch historisch in der Sicht Humes entscheidend eingewirkt auf die Problematik Kants, der die Kritik am Kausal- und Substanzbegriff aufnehmen und in seiner Weise weiterführen wird.

Der Kausalzusammenhang zwischen Ursache und Wirkung kann nach Hume *nie a priori* eingesehen werden, nämlich allein durch eine Analyse des Begriffs der Ursache. Aus einem Ding geht nie mit analytischer Notwendigkeit ein anderes als seine Wirkung hervor. Damit stellt sich Hume dem analytischen Prinzip des Rationalismus, das besonders von Leibniz entwickelt wurde, entgegen. Er sucht dies aus der realen Verschiedenheit zwischen Ursache und Wirkung zu beweisen. Die reale Verschiedenheit bedingt eine logische Verschiedenheit. Der eine Begriff ist nicht im anderen enthalten, kann daher auch nicht analytisch aus dem anderen abgeleitet werden. Ein Stein fällt zur Erde, wenn er losgelassen wird. Das kann nicht aus dem Begriff des Steines erschlossen werden – warum bewegt er sich nicht nach oben oder in eine andere Richtung? Dasselbe gilt von anderen Naturvorgängen, deren Notwendigkeit nicht a priori eingesehen, sondern nur *a posteriori* aus der Erfahrung festgestellt werden kann. Man muß sich also allein an die Erfahrung halten.

Was bietet aber die Erfahrung? Aus welchen Tatsachen der Erfahrung gewinnen wir die Erkenntnis eines ursächlichen Zusammenhangs der Dinge? Wir erfahren nur eine *regelmäßige Abfolge* von Erscheinungen. Daraus entspringt die Gewohnheit, diese Erscheinungen verbunden in einer zeitlichen Abfolge vorzustellen. Die Gewohnheit erweckt die Erwartung, daß auch in Zukunft auf die eine Erscheinung die andere folgen werde. Die Erwartung beruht nicht auf einer Vernunfteinsicht in eine innerlich notwendige Kausalverbindung des einen mit dem andern, sondern allein aus der Gewöhnung an das faktisch regelmäßige Geschehen. Daraus entspringt eine subjektive, nämlich bloß psychologische Notwendigkeit, die eine Erscheinung mit der anderen zu verknüpfen und auch in Zukunft dieselbe Verknüpfung zu erwarten. Der Kausalbegriff deutet die subjektive in eine objektive Notwendigkeit um. Das faktische *»post hoc«* wird als ein notwendiges *»propter hoc«* interpretiert. Das heißt aber für Hume weiter, daß wir nicht mit Sicherheit wissen, sondern nur glauben, daß in Zukunft dieselbe Abfolge zu erwarten sei.

Hume sieht hier sehr richtig, daß wir allein durch sinnliche Erfahrung niemals Kausalität wahrnehmen. Sinnlich gegeben ist uns immer nur ein zeitliches Nacheinander von Erscheinungen, nicht aber ein kausaler Zusammenhang der Dinge. Insofern ist Hume konsequenter Empirist und zeigt in scharfsinniger Analyse die Grenzen der sinnlichen Wahrnehmung auf. Aber ist damit der Kausalbegriff einfach aufzugeben? Wenn wir den kausalen Vorgang als solchen nicht sehen oder hören, überhaupt nicht sinnlich wahrzunehmen vermögen, folgt daraus schon, daß er nicht besteht und nicht dem Denken einsichtig werden kann? Das folgt nur, wenn man die Erkenntnis allein auf die sinnliche Wahrnehmung reduziert und der Vernunfteinsicht keine darüber hinausreichende Funktion einräumt.

Die Kritik Humes wird von *Kant* aufgegriffen werden. Auch für ihn ist ebenso wie für Hume die Kausalität eine subjektive, nicht eine objektive Notwendigkeit. Aber für Hume bedeutet dies eine psychologische Notwendigkeit, die auf bloßer Gewöhnung beruht, für Kant dagegen eine logische Notwendigkeit unseres Denkens, die in der apriorischen Struktur des Verstandes, in den reinen Verstandesbegriffen, begründet ist.

### 3.53 Kritik des Substanzbegriffs

Ähnlich wie in der Kritik der Kausalität lehnt sich Hume auch in der Kritik der Substanz an Locke an und führt dessen Gedanken einen Schritt weiter. Auch dieser Begriff geht auf eine beständige Verknüpfung von Phänomenen zurück. Während es sich aber beim Kausalbegriff um eine regelmäßige Abfolge im zeitlichen Nacheinander handelt, gründet der Substanzbegriff in der zeitlich konstanten räumlichen *Verbindung von Erscheinungen.*

Locke hatte die Substanz verstanden als konstante Verbindung einfacher Ideen. Während er aber als den Träger der konstant verbundenen Eigenschaften an einer, wenn auch unerkennbaren Substanz festhielt, gibt Hume den Substanzbegriff schlechterdings auf. Was wir erkennen, sind immer nur sinnlich wahrnehmbare Eigenschaften in einer faktisch konstanten Verbindung. Das ist der Inhalt des Eindrucks (impression), den wir empfangen. Wir haben uns an diesen Eindruck gewöhnt. Dies verführt uns dazu, die Eigenschaften, die in einer konstanten Verbindung erscheinen, einem gemeinsamen Träger zuzuschreiben, also hinter den wahrnehmbaren Eigenschaften eine uns unbekannte Substanz anzunehmen. Diese Annahme ist aber von der Sache her völlig unberechtigt, weil wir niemals eine Substanz wahrnehmen oder feststellen können.

Wie Hume im allgemeinen keine Substanz annimmt, so auch keine geistige Substanz der *Seele,* kein substantielles Ich. Das Ich oder die Seele ist ein Komplex von Vorstellungen oder Bewußtseinsinhalten. Einen substantiellen Träger dieser Bewußtseinsinhalte anzunehmen, ist unbegründet. Auch hier ist die Annahme einer Substanz ein unberechtigter Schluß von einer konstanten Verknüpfung von Phänomenen auf einen geheimnisvollen Grund, dem sie zugeschrieben werden.

Auch von der Kritik des Substanzbegriffes gilt, daß Hume hier mit Recht darauf hinweist, wo die Grenzen der sinnlichen Erkenntnis liegen. Substanz ist als solche sicher niemals in sinnlicher Wahrnehmung zu erfassen. Ist sie nicht trotzdem vom Denken zu erreichen, das im eigenen Ich einen Träger des Bewußtseins und seiner Einzelinhalte erfährt, daraus den Begriff der Substanz zu bilden vermag und ihn analog auch auf andere Dinge übertragen kann? Wird jedoch die menschliche Erkenntnis allein auf die sinnliche Erscheinung reduziert, so muß folgerichtig der Substanzbegriff fallen. Daraus ergibt sich aber, daß wir überhaupt nicht mehr reale Dinge erkennen, die uns in unserer Welt begegnen und mit denen wir umgehen, sondern nur noch eine Vielfalt sinnlicher *Phänomene.* Unsere ganze Erkenntniswelt löst sich in sinnliche Qualitäten auf, denen keine objektive Realität zukommt. Unsere Welt wird zu einer rein phänomenalen Welt – damit wird Hume unmittelbarer Vorläufer *Kants.* So hat auch Humes Kritik am Substanzbegriff entscheidenden Einfluß auf Kant ausgeübt, der allerdings die subjektive, nicht objektive, Notwendigkeit der Annahme einer Substanz nicht wie Hume in psychologischer Gewohnheit, sondern in apriorischer Denknotwendigkeit aufgrund der reinen Verstandesbegriffe fundiert.

### 3.54 Moral und Religion

In seinen »Prinzipien der Moral« will Hume die *Ethik* von jeder religiösen oder metaphysischen Begründung lösen und allein von der Erfahrung her eine natürliche Moral aufbauen. Daß man sittliche Unterscheidungen zwischen Gut und Böse, Recht und Unrecht allgemein macht, ist eine Tatsache der Erfahrung, die einen ethischen Skeptizismus widerlegt. Die Frage stellt sich jedoch, woher die sittlichen Werturteile stammen. Dafür, daß bestimmte Handlungen oder Eigenschaften Lob oder Tadel, Billigung oder Mißbilligung erfahren, liegt das Kriterium allein darin, ob sie *nützlich oder angenehm* sind. Es ist also eine grundsätzlich utilitaristisch-hedonistische Ethik, die Hume entwickelt.

Im persönlichen Bereich ist das Ziel sittlichen Handelns die allseitige Ausbildung der menschlichen Persönlichkeit, welche eine entsprechende Befriedigung mit sich bringt. Darüber hinaus gibt es auch soziale Tugenden, die im Zusammenleben der Menschen von Bedeutung sind. Sie beruhen auf der Sympathie, einem gefühlsmäßigen Affekt, durch den wir Freuden und Leiden anderer Menschen mitempfinden und das allgemeine Wohl zu unserem eigenen Interesse machen.

Eine wesentliche Grenze weist Humes Moral insofern auf, als sie den sittlichen Wert nur in der psychologischen Befriedigung oder Genugtuung begründet, den er hervorruft, nicht aber einen unbedingten Wert des Sittlichen annimmt. Andererseits wird durch die Leugnung der Willensfreiheit, also auch die Leugnung einer Unterscheidung zwischen natürlichen Anlagen und frei erworbenen Tugenden, allgemeiner zwischen dem Natürlichen und dem Sittlichen, zwischen dem Notwendigen und dem Freiwilligen der Eigenart sittlichen Handelns der Boden entzogen und sein spezifisches Wesen weder erfaßt noch begründet.

Von größerer Bedeutung ist Humes *Religionsphilosophie*, die sich zwei grundsätzliche Fragen stellt: nach der Möglichkeit einer vernünftigen Religionsbegründung und nach dem psychologischen Ursprung und der geschichtlichen Entwicklung der Religion. Die erste Frage geht auf das Problem der *Gotteserkenntnis* zurück. Hume behandelt es in den »Dialogen über natürliche Religion«. Es ist ein Gespräch zwischen drei Freunden, von denen einer den christlichen Offenbarungsglauben, der zweite einen skeptischen Standpunkt und der dritte den Deismus der Aufklärung vertritt. Alle Gottesbeweise der klassischen Metaphysik werden hier kritisch diskutiert. Dies führt zum Ergebnis, daß wir mit Gewißheit nichts über Gott aussagen können, alle Beweise sich in Widersprüche verstricken und die letzte Antwort auf die Frage nach der Möglichkeit vernunftgemäßer Religionsbegründung ein skeptisch-agnostischer Standpunkt sein muß. Durch Vernunftgründe läßt sich die Religion nicht rechtfertigen.

Um so mehr stellt sich die weitere Frage nach dem *psychologischen Ursprung* der historischen Religionen der Menschheit. Dieser Ursprung liegt nach Humes »Naturgeschichte der Religion« nicht im Denken des Verstandes, sondern allein in den Bedürfnissen des Gemütes: in banger Sorge um das Glück und Wohlergehen, Furcht vor künftigem Unglück, Angst vor dem Tode, dem stets gefährdeten Streben nach den Bedürfnissen des Lebens. Das alles führt den Menschen dazu, göttliche Mächte in der Natur anzunehmen und mit abergläubischer Furcht und Schmeichelei zu verehren. Für die historisch ursprüngliche Gestalt der Religion hält Hume den Polytheismus, aus dem sich später der Monotheismus entwickelt habe. Aber auch er gründet nicht in Verstandeseinsicht, sondern nur in Furcht und Schmeichelei. Darum verbindet sich auch die Religion leicht mit den niedrigsten Instinkten der menschlichen Natur. Das ganze Phänomen des Religiösen erscheint Hume schließlich als ein unlösbares Rätsel. Darum sind Zweifel und Urteilsenthaltung angebracht, wieder also ist ein skeptisch-agnostischer Standpunkt die einzig vernünftige Antwort. Religionen stecken an wie Krankheiten. Das einzige Heilmittel dagegen ist, aus all den Formen des Aberglaubens und Vorurteils zu fliehen in das Gebiet der reinen Philosophie.

## 3.55 Rückblick

Der englische Empirismus, der in David Hume seine volle Ausprägung erhalten hat, bringt gegenüber dem Rationalismus die Erfahrung als legitime Erkenntnisquelle zur Geltung. Darin liegt seine Bedeutung. Aber er verfällt einer neuen, nicht minder verhängnisvollen Einseitigkeit, indem er *alle Erkenntnis auf die Erfahrung zurückführt* und die *Erfahrung als bloß sinnliche Wahrnehmung versteht*. Erfahrung und Denken kommen nicht zur Synthese, in der einerseits das Denken immer und notwendig auf Erfahrung angewiesen ist und aus ihr seine Inhalte gewinnt, andererseits aber die Erfahrung immer schon als geistig durchdrungene, im Denken und Verstehen vollzogene Erfahrung begriffen wird, das Denken des Verstandes also die sinnliche Anschauung durchdringt und übersteigt.

Wenn dieses Element übersehen wird, so bleibt allein das sinnlich erscheinende Phänomen bestehen, ohne eine eigene Seinswirklichkeit zu offenbaren und aus einem realen Seinszusammenhang erklärbar zu sein. Dies wurde besonders deutlich am Problem der Substanz und der Kausalität bei Locke und Hume. Die Rückführung aller Erkenntnis auf sinnliche Wahrnehmung bedeutet den grundsätzlichen Verzicht auf jede Seinserkenntnis. Das heißt nicht nur, daß – in einem metaphysischen Sinn – ein Ausgriff des Denkens über den Bereich sinnlicher Erfahrung nicht mehr möglich ist, sondern auch, daß innerhalb der Erfahrungswelt kein reales Sein, das den Phänomenen zugrundeläge, noch ein kausaler Seinszusammenhang die Dinge erkennbar ist. Die Erfahrungswelt löst sich in eine disparate Pluralität bloßer Phänomene auf.

Doch hat der Empirismus hierin die wichtige Erkenntnis gewonnen, daß weder substantielles Sein noch ein kausales Geschehen als solches sinnlich wahrnehmbar sind. Hier liegt eine grundsätzliche Grenze bloß sinnlicher Erkenntnis. Aber indem der Empirismus die gesamte Erkenntnis auf die sinnliche Wahrnehmung reduziert, schwindet die Möglichkeit, überhaupt noch reale, substantiell bestehende Dinge und einen realen, ursächlichen Zusammenhang der Dinge zu erfassen. Damit ist nicht nur jedem philosophischen Denken, sondern auch jeder empirischen Forschung und Naturerklärung der Boden entzogen. Das Denken verschließt sich in einem bloß phänomenalen Raum. Dies bedeutet aber, daß sich die Welt, wie wir sie wirklich erfahren, nicht allein aus sinnlichen Eindrücken aufbauen läßt. Eine philosophische Rekonstruktion unserer Erkenntniswelt erweist sich auf empiristischem Boden als unmöglich. Damit wird unsere wirkliche Erfahrungs- und Verständniswelt nicht eingeholt, weil diese immer schon wesentlich mehr an Seins- und Sinngehalt offenbart, als sinnlich wahrnehmbar ist.

Mit Hume erreicht der Empirismus seine vorläufige Vollendung. Zugleich aber wird sein Denken zum entscheidenden Anstoß nicht nur für das positivistisch-materialistische Denken der Folgezeit, sondern auch für *Kant,* der durch Hume »aus dem dogmatischen Schlummer geweckt« wurde. Kants Bestreben ging dahin, Erfahrung und Denken wieder zum Ausgleich zu bringen, also die Synthese herzustellen zwischen Rationalismus und Empirismus. Wenn auch Kant sowohl den Rationalismus als auch den Empirismus an zentralen Punkten überwunden hat, so bleibt er in mancher Hinsicht sowohl dem einen wie dem anderen tief verhaftet. Jedenfalls aber stellt er auf dem Hintergrund des Rationalismus und des Empirismus seiner Zeit einen Neuansatz dar, der eine Zäsur im philosophischen Denken der Neuzeit bedeutet.

# 4 Aufklärung

Rationalismus und Empirismus wirken sich gemeinsam in der geistigen Bewegung aus, die man als »Aufklärung« bezeichnet. Sie ist nicht nur eine philosophische, sondern auch eine allgemeine geistes- und kulturgeschichtliche Erscheinung, die in alle Bereiche des geistigen und kulturellen, sozialen, politischen und wirtschaftlichen Lebens hineinwirkt. Aufklärung meint eine Grundstimmung der Weltanschauung und Lebensauffassung jener Zeit, besonders des 18. Jahrhunderts.

## 4.1 Allgemeine Merkmale

Die geschichtlichen Wurzeln der Aufklärung reichen weit zurück. Im Grunde ist sie ein weiterer Schritt derselben Entwicklung, die Jahrhunderte zuvor im Humanismus und in der Renaissance ihren Ausdruck gefunden hat. Schon damals handelt es sich um eine »Entdeckung der Welt und des Menschen«, ein Freiwerden der natürlich-menschlichen Kräfte und eine Hinwendung zur Welt. Daraus entspringt der Einsatz der neuen Naturwissenschaften, die durch die Anwendung mathematischer Methoden besonders in Physik und Astronomie bedeutende Fortschritte machen, einen Umsturz des gesamten Weltbildes auslösen und zu einem Aufstieg der materiellen Kultur führen. Der neue methodische und wissenschaftliche Geist findet seinen philosophischen Niederschlag im rationalistischen und empiristischen Denken, das trotz des Gegensatzes der Denkrichtungen aus dem gemeinsamen Willen zu kritisch-methodischer Neubegründung der Philosophie hervorgeht.

 Gemeinsam ist der *Glaube an die Wissenschaft* und an den

wissenschaftlichen *Fortschritt*, der Glaube daran, daß die Menschheit einen beständigen Fortschritt und Aufstieg erlebt und daß dieser Fortschritt aller menschlichen Verhältnisse wesentlich bedingt ist durch den Fortschritt wissenschaftlicher Erkenntnis. Man glaubt daran, daß der menschliche Geist, wenn er sich nur von Vorurteilen und Aberglauben befreit und die richtigen Methoden der Forschung einsetzt, alle Rätsel der Welt zu lösen und alle Geheimnisse der Wirklichkeit zu enthüllen imstande ist. Man glaubt an die Allmacht des Geistes. Die neue Wissenschaft und Philosophie kann erst ein eigentlich menschenwürdiges Leben des einzelnen und der Gesellschaft begründen.

Daraus ergibt sich eine wesentlich *praktische Zielsetzung* der Aufklärung. Das kommt schon in dem Wort von Thomas Hobbes zum Ausdruck: »Wissen ist Macht«. Die Wissenschaft steht im Dienst der Weltbeherrschung zum Zweck der Weltverbesserung und Weltbeglückung durch den Sieg der Vernunft. Aus dieser praktischen Zielsetzung entspringt das Bestreben, das Licht der Vernunft möglichst weit zu verbreiten, die Erkenntnisse der Wissenschaft und der Philosophie möglichst weiten Kreisen zugänglich zu machen, um sie dadurch »aufzuklären«. Diesem Ziel dient die weit verbreitete Erscheinung einer Popularwissenschaft und Popularphilosophie, die häufig recht oberflächlich bleibt, aber um so mehr Wert legt auf die literarische Form. Dieser Zielsetzung entspringt weiter das Bildungsideal der Aufklärung: »allgemeine Bildung«, nämlich möglichst vielseitiges, umfassendes Wissen, das jedoch vielfach auf Kosten echten Tiefgangs geht und zu Vielwisserei wird. Dieses Bildungsideal wird noch im ganzen 19. und bis hinein ins 20. Jahrhundert nachwirken.

Wenn wir über diese formale Kennzeichnung hinaus nach dem inneren Gehalt fragen, der dem Denken der Aufklärung eigen ist, so können wir ihn in zwei Stichworten charakterisieren: Liberalismus und Deismus.

### 4.11 Liberalismus

Der Fortschritt der Menschheit verlangt Fortschritt der Wissenschaft und Bildung, dieser fordert aber Freiheit der Vernunft. Bezeichnend für das Zeitalter der Aufklärung ist der Glaube an die Allmacht der Vernunft und die Forderung nach *Autonomie der Vernunft.* Sie kann keine ihr auferlegten Bindungen dulden, ohne sich selbst preiszugeben. Unbeschränkte Freiheit des Geistes, freie und voraussetzungslose Wissenschaft werden zum Programm erhoben. Das Denken will nur anerkennen, was ihm selbst klar und rational einsichtig, was wissenschaftlich durchschaubar ist wie ein mathematisches oder physikalisches Gesetz. Was darüber hinausgeht, wird abgelehnt als rational nicht gerechtfertigte Bindung des Denkens.

Das betrifft zunächst den christlichen Glauben, der sich auf das Geheimnis göttlicher Offenbarung beruft, daher weder rational einsichtig noch wissenschaftlich beweisbar ist. Daraus entspringt der Liberalismus im *religiösen* oder theologischen Sinn. Man lehnt die Kirche mit ihrer Lehre als »Dogmenzwang«, überhaupt den übernatürlichen Glauben ab als eine Bindung, die der Freiheit der Vernunft widerstreitet. Hier setzt der theologische Rationalismus ein, der mit dem philosophischen Rationalismus nicht identisch ist, aber aus ihm hervorgeht. Er bedeutet das Bestreben, die religiösen Wahrheiten der Offenbarung auf natürlich einsichtige, rational beweisbare Wahrheiten zu reduzieren, den christlichen Glauben als rein natürliche Vernunftreligion zu verstehen, damit aber zentrale Glaubensinhalte ihres Offenbarungs- und Geheimnischarakters zu entkleiden. Die Ansätze dazu liegen bei den »Freidenkern« der englischen Aufklärung, wirken sich aber darüber hinaus auch in der französischen und deutschen Aufklärung sehr nachhaltig aus.

Dem religiösen und theologischen Liberalismus entspricht ein Liberalismus im *sozialen, wirtschaftlichen* und *politischen* Bereich. Auch hier werden immer mehr die Bindungen aufgelöst, die dem einzelnen im Ganzen der Gesellschaft auferlegt sind. Die gesellschaftliche Ordnung als organisch gewachsenes Sozialgebilde in seinen aus dem Mittelalter überkommenen Strukturen wird fragwürdig. Der absolute Freiheitsdrang der Aufklärung sieht nur das Recht und die Freiheit des einzelnen und empfindet jede geschichtliche und gesellschaftliche Bindung als Beschränkung des Rechts auf individuelle Freiheit. Dem Liberalismus der Aufklärung liegt ein radikaler Individualismus zugrunde, der seine geistigen Wurzeln einerseits in der Auflösung der Allgemeinbegriffe durch Nominalismus und Empirismus, andererseits in der isoliert autonomen Subjektivität des Rationalismus hat.

Beiden fehlt in gleicher Weise ein konkretes Verständnis des Menschen in seiner Welt, in Geschichte und Gemeinschaft. Dieser Individualismus wirkt sich mit weitreichenden praktischen Folgen im ökonomischen und politischen Liberalismus aus.
Auf *ökonomischem* Gebiet führt er zum Wirtschaftsliberalismus, der darin besteht, daß allein die immanente Eigengesetzlichkeit der Wirtschaft in der Hand des Unternehmers, nicht aber soziale Rücksichten auf Rechte und Bedürfnisse der Arbeitnehmer das wirtschaftliche Geschehen zu bestimmen haben. Diesem Liberalismus entstammt die allein auf das individuelle Recht, nicht auf das soziale Wohl bedachte Einstellung, die zu brutaler Ausbeutung der Arbeiter in der Frühzeit der industriellen Entwicklung führt und den sozialrevolutionären Protest von Karl Marx hervorrufen wird.
Ähnlich wirkt sich der Liberalismus im *politischen* Bereich aus. Er entspricht einerseits dem Absolutismus, der allgemeinen Regierungsform jener Zeit, in welcher der Landesfürst als absoluter Herrscher unumschränkte Staatsgewalt und Freiheit politischer Entscheidung beansprucht, ohne durch eine verfassungsmäßig ermöglichte und gesicherte Willensbildung der Staatsbürger gebunden zu sein. Das ist nichts anderes als die Anwendung des Liberalismus auf die individuelle Autonomie des Herrschers. Sobald aber dieses Gedankengut der Aufklärung in die Breite dringt und die Staatsbürger erfaßt, die Untertanen also dasselbe Recht autonomer Freiheit beanspruchen, wie es bisher allein der Herrscher besaß, hebt sich diese Staatsform von innen her auf, aber aus demselben Geist des Liberalismus, der sich jetzt frei macht von der absoluten Regierungsgewalt des Herrschers, die Französische Revolution hervorruft und in ihrem Gefolge zu einer Umgestaltung des gesamten Staatswesens und der Gesellschaftsordnung führt.

## 4.12 Deismus

Mit dem Liberalismus in religiöser und theologischer Hinsicht eng verbunden ist der Deismus, die typische *Gottesvorstellung* der Aufklärung, sofern diese noch am Gottesglauben festhielt. Diese Einschränkung ist erfordert, weil sich die Bewegung der Aufklärung zum Teil, besonders in Frankreich, zu einem Materialismus und Atheismus verschärft. Aber zumeist tritt die Aufklärung nicht dem Gottesglauben als solchen entgegen. Sie entwickelt vielmehr eine Vorstellung von Gott, die sich von der christlichen Auffassung der Tradition weit unterscheidet. Gerade um den Unterschied zu kennzeichnen und sich vom verschwommenen »Deismus« (von lat. »Deus«) der Aufklärung zu distanzieren, hat man von christlicher Seite erst im 18. Jahrhundert den Begriff des »Theismus« (von griech. »Theós«) geprägt.

Was ist aber mit »Deismus« gemeint? Man hält fest am Dasein Gottes, man glaubt auch an den einen, transzendenten und persönlichen Gott, der die Welt geschaffen hat; insofern ist es noch der Gott des christlichen Glaubens. Aber er wird verstanden als ein Gott, der »außer« der Welt oder »über« der Welt existiert, der zwar einmal die Welt erschaffen und ihr die Gesetze der Natur gegeben hat, aber ihr freien Lauf läßt, ohne wirksam in das Weltgeschehen einzugreifen. Es ist ein Gott, der sich um die Welt und die Menschen nicht kümmert, um den wir uns deshalb auch nicht weiter zu bekümmern brauchen. Er soll den Menschen in seiner Welt nicht stören, er soll die Freiheit des Menschen nicht binden, die autonome Macht des Menschen über die Welt nicht beschränken. Es ist ein *rein jenseitiger Gott*, der im Diesseits der Welt nichts zu suchen hat; hier ist der Mensch Herr seiner Welt.

Eine solche Vorstellung legt sich schon durch das *Uhrengleichnis* bei Geulincx und Leibniz nahe. Was ist vollkommener: ein Uhrwerk, das den beständig kontrollierenden und korrigierenden Eingriff erfordert, oder ein Uhrwerk, das von Anfang an so vollkommen konstruiert ist, daß es auch ohne jeden weiteren Eingriff mit vollkommener Präzision abläuft? Offenbar wäre dies das vollkommenere Uhrwerk. Wenn aber die Welt von Gott geschaffen ist, so muß sie auch von Anfang an so vollkommen eingerichtet sein, daß ohne weiteren Eingriff Gottes das Geschehen abläuft wie ein vollkommenes Uhrwerk – oder vielmehr eine Unzahl einzelner Uhrwerke, die in völliger Übereinstimmung, in einer »prästabilierten Harmonie« ablaufen. Leibniz selbst gehört allerdings nicht dem Deismus an; er leugnet zwar die Wechselwirkung zwischen endlichen Dingen, aber nicht das Einwirken Gottes in die geschaffene Welt. Trotzdem legt seine Lehre von der prästabilierten Harmonie die deistische Gottesvorstellung nahe.

Dabei wird übersehen, daß ein wesentlicher Unterschied zwischen dem Verhältnis des Uhrmachers zu seinem Uhrwerk und dem Verhältnis Gottes zu seiner Schöpfung besteht. Die Welt ist nicht nur von Gott geschaffen und gestaltet, sondern sie ist in ihrem Sein von Gott abhängig, sie wird durch Gottes Wirken getragen und erhalten, könnte also ohne aktuellen Bezug auf Gott gar nicht existieren.

Dem Deismus der Aufklärung ist es jedoch eigen, den Bezug zwischen Gott und der Welt abzubrechen. Daraus ergibt sich, daß jedes gegenwärtige *Wirken Gottes* in der Schöpfung negiert wird: sowohl die Erhaltung der Schöpfung durch Gott (conservatio) als auch sein Mitwirken beim Wirken des Geschöpfes (concursus), somit auch die göttliche Vorsehung und Lenkung des Weltgeschehens, alles Inhalte, die von der christlichen Theologie bisher allgemein gelehrt wurden. Diese Welt wird zu einer säkularisierten, in sich geschlossenen, insofern gott-freien und gott-losen Welt, die mit Gott nichts mehr zu tun hat und ihn nicht mehr braucht.

Erst recht lehnt der Deismus jedes *übernatürliche Eingreifen* Gottes in diese Welt ab: Offenbarung und Wunder, Menschwerdung und Erlösung werden geleugnet. Es gibt keine übernatürliche Ordnung mehr, die ja ihrem Wesen nach in einem Eingriff Gottes in die Naturordnung gründet. Hier wird auch deutlich, daß der theologische Rationalismus in seiner Reduktion des christlichen Glaubens auf eine natürliche Vernunftreligion durch das Gottesbild des Deismus bedingt ist.

Umgekehrt ergibt sich daraus ein verändertes Verhältnis des *Menschen zu Gott*. Ein solcher Gott kann keine Forderungen an den Menschen stellen. Gebet und Gottesdienst, überhaupt alle ausdrücklichen religiösen Akte, in denen wir Gott verehren, werden abgelehnt als Aberglaube, als unwürdige und sinnlose Schmeichelei, in der wir das Wohlgefallen, den Schutz und die Hilfe Gottes erbetteln wollen. Man denke an die psychologische Motivation des Religiösen bei Hume. Vom Menschen wird allein ein sittliches Leben auf dem Boden einer natürlichen und vernunftgemäßen Ethik verlangt. Wahre *Religion ist Moral.* So wird das Wesen des Religiösen im bloß Moralischen aufgehoben. Dies ist ein für die Aufklärung typischer Zug, der in *Kants* Religionsphilosophie einen klaren Ausdruck finden wird. Er hängt zusammen mit der allgemein praktischen Zielsetzung im

Denken der Aufklärung. Auch wissenschaftliche und philosophische Erkenntnisse sollen praktischen Nutzen für den Fortschritt der Menschheit erbringen. So auch die Religion; sie ist sinnlos und nutzlos, wenn sie nicht greifbaren Nutzen bringt. Praktischen Nutzen für die menschliche Gesellschaft bringt sie aber allein im moralischen Handeln.

### 4.2 Einzelerscheinungen

Diese allgemeine Kennzeichnung trifft nicht für alle Einzelerscheinungen im Bereich der Aufklärung in gleicher Weise zu, wenn auch diese einzelnen Erscheinungen in einer gemeinsamen geistigen Atmosphäre stehen und aus ihr verstanden werden müssen. So geben wir im folgenden einen knappen Überblick über die besondere Gestalt der Aufklärung in England, Frankreich und Deutschland.

#### 4.21 Englische Aufklärung

Das Ursprungsland der Aufklärung ist England. Freidenkertum, Liberalismus und Deismus haben hier ihre Heimat. Oft wird John Locke als der Vater der Aufklärung genannt. Doch gehen ihre Anfänge noch weiter zurück. Der Begründer des Deismus mit seiner Forderung nach rein natürlicher, vernunftgemäßer Religion ist Lord *Edward Herbert von Cherbury* (1581–1648). Er verlangt zwar die Anerkennung und Verehrung Gottes, scheidet aber alle christlich-übernatürlichen Glaubensgehalte aus. Auf der Ebene einer allgemeinen Vernunftreligion, die er in fünf Grundsätzen formuliert, können sich alle Konfessionen einigen. Ähnliche Tendenzen tauchen auch sonst schon zu dieser Zeit, also im frühen 17. Jahrhundert, auf.
Noch einflußreicher aber wurde *John Locke* (1632–1704), einmal durch seine natürliche, vernunftgemäße Religionsbegründung und die Forderung weitgehender religiöser Toleranz und überdies dadurch, daß bei ihm das praktisch-sittliche Element des Christentums in den Vordergrund tritt als das Gemeinsame, das die Christen auch mit Juden und Heiden verbindet. Hier zeigt

sich die Tendenz, die Religion auf eine natürliche Ethik zu reduzieren.
Diese verschärft sich bei den folgenden Vertretern des englischen Deismus um 1700 und in der ersten Hälfte des 18. Jahrhunderts. *John Toland* (1670–1722) schreibt im Geist der Aufklärung »Christianity not mysterious« (London 1696). Er will darin zeigen, daß das Christentum weder widervernünftig noch übervernünftig ist, sondern allein der natürlichen Vernunft entspricht. Damit wird der Mysteriencharakter des christlichen Glaubens ausgeschaltet. Und damit verbindet sich die Kritik am Offenbarungs- und Wunderglauben. Der übernatürliche Charakter des Christentums wird preisgegeben; es wird auf natürliche Religion reduziert. Auch scheint Toland der erste zu sein, der das Wort »Freidenker« (freethinker) gebraucht. Im übrigen steht er *Spinoza* nahe, übt aber Kritik daran, daß Spinoza Bewegung und Aktivität nicht erklären kann. Dagegen nimmt Toland an, daß die Materie selbst aktives Prinzip der Bewegung sei, aus dem auch das Leben bis herauf zu den Phänomenen des seelischen Lebens zu erklären ist. Das ist bereits ein Materialismus, der tatsächlich auf den wissenschaftlichen Materialimus der französischen Aufklärung einen bedeutenden Einfluß ausüben wird.
*Anthony Collins* (1676–1729) schreibt »A discours of free thinking« (London 1713), in dem er sich in scharfer Weise für unbeschränkte Freiheit des Denkens einsetzt, nämlich gegenüber dem Offenbarungsglauben des Christentums, in diesem Geist ebenso scharfe Bibelkritik und Offenbarungskritik betreibt und einen rein deistischen Standpunkt einnimmt. Dadurch wird ein heftiger Streit entfacht, der literarisch vielfachen Niederschlag findet.
Einen ähnlichen Standpunkt nimmt *Matthew Tindal* (1656–1733) ein, der in dem Werk »Christianity as old as creation« (London 1730) den Widerspruch und die Unmöglichkeit einer Offenbarungsreligion aufzeigen will, hingegen eine Naturreligion vertritt, die von Anfang an vollkommen gewesen sei, durch das Christentum nichts hinzugewinnen kann, sondern nur in seiner Reinheit wiederhergestellt werden muß. Dieses Buch wurde vielfach als die Bibel des Deismus bezeichnet.
Hierher gehört auch Lord *Bolingbroke* (Henry St. John, 1678–1751), ein bekannter Politiker, der sich zum Deismus bekennt 

und Freiheit des Denkens fordert, jede spekulative Philosophie ablehnt, den empiristischen Standpunkt Lockes teilt und meint, von da aus eine natürliche Vernunftreligion begründen zu können. Allerdings fordert er die Denkfreiheit nur für die höheren Schichten der Gesellschaft, während aus politischen Gründen das einfache Volk in der herkömmlichen Religion zu belassen sei.
Auch *Anthony Ashley Cooper, Graf von Shaftesbury* (1671–1713) gehört der englischen Aufklärung an. Er verbindet deren Geist jedoch mit einem ästhetisch-ethischen Pantheismus, der in etwa an Giordano Bruno erinnert. Im Vordergrund seines Denkens steht das ethische Bildungsideal. Sinn der Tugend und Sittlichkeit ist die harmonische Ausbildung der Persönlichkeit, die ästhetische Harmonie im Gleichgewicht aller voll entfalteten menschlichen Kräfte und Anlagen, also das klassische Ideal des «kalòn k'agathón«, die Einheit des Schönen und Guten. Es ist eine Ethik, die im natürlichen Sittengesetz gründet, aber in der reinen Immanenz menschlicher Selbstentfaltung verbleibt.
Als letzter Vertreter und zugleich als Vollender dieser geistigen Entwicklung im englischen Raum ist *David Hume* zu nennen, dessen Kritik aber nicht nur die christliche Offenbarungsreligion, sondern auch jede natürliche Vernunftreligion an der Wurzel trifft. Denn seine Kritik an den Gottesbeweisen, an der Erkennbarkeit Gottes sowie seine psychologische Erklärung für den Ursprung der Religion richtet sich gegen jeden religiösen Glauben, auch den Deismus. So mündet diese Entwicklung in einen Skeptizismus und Agnostizismus ein.

### 4.22 Französische Aufklärung

In Frankreich entwickelt sich die Aufklärung zum Teil in Abhängigkeit von England, kommt aber hier zu radikalerer Ausprägung. In der französischen Aufklärung liegen die Ursprünge des modernen *Materialismus* und *Atheismus*, der im 19. Jahrhundert zu breiterem Einfluß kommen wird.
Doch sind nicht alle Vertreter der französischen Aufklärung Atheisten. Auch Voltaire ist es nicht, das eigentliche Haupt der Aufklärung in Frankreich. *François Marie Voltaire* (sein ursprünglicher Name war *Arouet*, 1694–1778) ist ein glänzender und gefeierter Schriftsteller. In England lernt er die englische

Philosophie und Aufklärung kennen, mit deren Deismus er zeitlebens verbunden bleibt. Einige Jahre lebt er als Gast und Freund Friedrichs II. von Preußen in Sanssouci und später in der französischen Schweiz. Er übt eine sehr breite Wirkung aus und wird gefeiert als Bannerträger der Aufklärung in Frankreich.

Als ungeheuer gewandter und vielseitiger Schriftsteller hat er in zahlreichen Werken seine Welt- und Lebensauffassung dargestellt, die durch den *Deismus* der englischen Aufklärung bestimmt ist. Der Optimismus im Glauben an die bestmögliche Welt, den Voltaire zuerst vertritt, wandelt sich später zu einer skeptischen und pessimistischen Auffassung. Den Rationalismus der »eingeborenen Ideen« lehnt er ab. Er hält sich mit dem *Empirismus* an die Erfahrung. Diese Welt der Erfahrung ist aber nicht die beste; das bezeugen Unglück und Leid in der Welt. Wenn wir dennoch als die Ursache der Welt, ihrer Ordnung und Gesetzlichkeit Gott annehmen müssen als planende, ordnende, gesetzgebende Vernunft, so können wir doch nichts über Gott wissen, was und wie er ist. Voltaire hält aber am Gottesglauben im Sinne einer deistischen Naturreligion fest. Hierher gehört sein berühmtes Wort: »Wenn es keinen Gott gäbe, müßten wir ihn erfinden.« Im Geist der Aufklärung fördert er weiteste religiöse *Toleranz* und bekämpft deshalb mit leidenschaftlichem Haß den christlichen Glauben und die katholische Kirche. Sein unerbittlicher, oft sarkastischer Angriff richtet sich gegen die Bibel, gegen Wunder und Offenbarung. All das sind ihm Fabeln und Aberglauben, Ausgeburten der Unvernunft. Das Wesen echter Religion sieht auch Voltaire in der Moral. Er geht so weit, das Kriterium für die Wahrheit der Religion in ihrer sittlichen Wirkung zu sehen.

Noch mehr radikalisiert sich die französische Aufklärung in einem materialistisch-atheistischen Sinn bei den sogenannten *Enzyklopädisten.* Sie werden so benannt, weil sie zusammenarbeiten an der großen »Encyclopédie française«, die seit 1750 erscheint. Dieses wissenschaftliche Sammelwerk ist allerdings nicht einheitlich von derselben Geistesrichtung getragen; es arbeiten auch andere und anders gesinnte Forscher mit. Die Grundtendenz ist aber so vorherrschend, daß die Enzyklopädie zum Hauptwerk der französischen Aufklärung geworden ist. Sie wurde begründet von Diderot und d'Alembert, doch ist sie geistig stark beeinflußt durch Lamettrie und Holbach.

*Julien de Lamettrie* (1709–1751) vertritt einen mechanistischen Materialismus, der sich schon in den Titeln seiner wichtigsten Werke kundtut: »Histoire naturelle de l'âme« (La Haye 1745) und »L'homme machine« (Leyden 1748). Er will auch den Menschen einschließlich seines bewußten psychischen Lebens rein mechanisch erklären. Dabei beruft er sich auf Descartes, der schon das Leben der Pflanzen und Tiere auf die bloße »res extensa« zurückgeführt, jedoch im Menschen die »res cogitans« als geistige Seele angenommen hatte. Diesen Dualismus will Lamettrie überwinden, indem er das mechanistische Denken auch auf den Menschen anwendet. Er ist überzeugter Atheist und meint, ein Staat von Atheisten wäre der glücklichste Staat.

Der in Paris lebende Deutsche, *Paul-Henri von Holbach* (1723–1789), schafft mit seinem Werk »Système de la nature« (London 1770) die systematische Grundlage der materialistischen Naturerklärung in der französischen Aufklärung. Mit dem Materialismus und Mechanismus des Naturgeschehens verbindet er einen Sensismus der menschlichen Erkenntnis, einen Determinismus des menschlichen Handelns und einen eindeutigen Atheismus.

*Denis Diderot* (1713–1784) ist ein ähnlich vielseitiger und fruchtbarer Schriftsteller wie Voltaire, zugleich Wissenschaftler und Philosoph, der aber seine sprühenden Gedanken nie in ein System zu fassen vermochte. Anfangs war er unter dem Einfluß der Engländer Deist, später näherte er sich unter dem Einfluß Lamettries dem Materialismus und gelangte schließlich zu einem Naturpantheismus, dem alles belebt und das ganze Weltall ein beseelter Organismus ist.

*Jean le Rond d'Alembert* (1717–1783) ist nicht Atheist, sondern bekennt sich zum Deismus. Er ist strenger Wissenschaftler, besonders in Mathematik und Physik tätig, einer der führenden Männer der exakten Naturforschung seiner Zeit. Den Materialismus bildet er durch Hervorhebung des bloß methodischen Elementes zu dem um, was man später Positivismus nennen wird. Sichere wissenschaftliche Erkenntnis gibt es nur im Bereich empirischer Tatsachenerkenntnis; alles, was darüber hinausgeht, ist streng wissenschaftlich nicht erfaßbar und bleibt ungewiß, wie die Widersprüche metaphysischer Aussagen bezeugen.

Im Raume der französischen Aufklärung steht auch *Jean Jacques Rousseau* (1712–1778). Doch nimmt er gegenüber den Enzyklopädisten eine durchaus eigene Stellung ein. Ähnlich wie

Pascal eine Antithese zum Rationalismus des Descartes gebildet hatte, indem er das »Herz« gegenüber dem mathematisierenden Verstand zur Geltung brachte, ist Rousseau eine kritische Reaktion auf die Einseitigkeit der empiristisch-materialistischen Naturauffassung seiner Zeit. Er vertritt einen gewissen *Kulturpessimismus*, der sich gegen den Optimismus des Fortschrittsglaubens der Aufklärung richtet. Aller Fortschritt der Wissenschaft und Technik, der Kultur und Zivilisation kann nicht die wahren Worte des menschlichen Herzens ersetzen. Vielmehr bringt er sie in Gefahr, führt zu Spannungen und Gegensätzen in der menschlichen Gesellschaft, zum Unterschied zwischen arm und reich, zwischen Herr und Knecht, zum Kampf um die Macht, zur Willkürherrschaft des Staates. Demgegenüber betont Rousseau das Naturrecht, das alle Menschen verbindet. Er fordert die *Rückkehr zur Natur* und zur naturgemäßen Gleichheit aller Menschen.

Auf staatsphilosophischem Gebiet von großem Einfluß wurde sein Werk »Du contrat social« (Amsterdam 1762), worin er den Ursprung des Staates im Gesellschaftsvertrag begründet. Nicht minder bekannt und verbreitet wurde sein großer Erziehungsroman »Emile« (1762), in dem er seinen Glauben an die ursprüngliche Gutheit der menschlichen Natur darlegt und darauf eine der Natur entsprechende Erziehungstheorie aufbaut. Im vierten Teil des Buches steht das berühmte »Glaubensbekenntnis eines savoyischen Vikars«, das die metaphysischen und religiösen Überzeugungen Rousseaus enthält. Er übt darin scharfe Kritik am Materialismus und Atheismus seiner Zeit. Er ist überzeugt von der Geistigkeit der menschlichen Seele und ihrem Fortleben nach dem Tode, von der Freiheit des Menschen und von der Existenz Gottes. Vor allem aber glaubt er an das Gute im menschlichen Herzen und an das Naturgesetz, das jedem angeboren ist. Der einzig wahre Gottesdienst, auf den allein es ankommt, ist der Kult des Herzens, sittliches Handeln, Erfüllung der Pflichten des Lebens. Alle verschiedenen Religionen mit ihren gegensätzlichen Dogmen sind demgegenüber belanglos, weil sie doch keine Bedeutung für die Moral haben. Der wahre Tempel Gottes ist das fromme Herz.

Einerseits hebt sich Rousseau damit sehr scharf ab von der materialistischen und atheistischen Radikalisierung der französischen Aufklärung durch die Enzyklopädisten, andererseits aber bleibt er auf dem Boden einer rein natürlichen, deistisch geprägten Religion, die sich allein im sittlichen Handeln betätigt. Damit treten auch bei Rousseau typische Züge der Aufklärung hervor.

### 4.23 Deutsche Aufklärung

Von der französischen Aufklärung unterscheidet sich die deutsche Aufklärung dadurch, daß sie im ganzen weniger radikal blieb. Das mag unter anderem darin einen Grund haben, daß die philosophisch und wissenschaftlich bedeutendste Gestalt des damaligen Deutschland *Leibniz* war, der bei aller Genialität und Originalität der maßvollste unter den Rationalisten war, das neue mechanische Weltbild der Naturwissenschaft mit dem teleologischen Prinzip der klassischen Metaphysik in Einklang zu bringen suchte und am christlichen Glauben festhielt, sogar seine Philosophie als christliche Philosophie verstand. Zugleich liegt in seinem Denken, im besonderen in der Lehre von der »prästabilierten Harmonie«, schon ein Ansatz zum Deismus. Auch kommt die Entscheidung zwischen den Konfessionen allein der Vernunft zu, also natürlich-rationaler Gotteserkenntnis. Die Religion, die mit ihr übereinstimmt, ist wahr. Das Kriterium ist die natürliche Vernunft. Weiter geht der Rationalismus von Leibniz im Sinne der Aufklärung nicht. Es liegt ihm ferne, christliche Glaubensinhalte aufzulösen oder wegzudeuten wie die englische Religionskritik, oder gar den Gottesglauben preiszugeben wie der französische Materialismus.

Der eigentliche Philosoph der deutschen Aufklärung wird aber erst *Christian Wolff* (1679–1754). Sein ganzes Denken ist vom praktischen Ziel bestimmt: Die Philosophie soll brauchbar und nützlich sein. Dazu muß sie aber eine klare und deutliche Erkenntnis vermitteln. Schon darin erkennt man das praktische Grundanliegen der Aufklärung. Zu diesem Zweck schreibt Wolff seine zahlreichen lateinischen und deutschen Lehrbücher, worin er die gesamte Philosophie in lehrhafter Klarheit und Übersichtlichkeit darstellt. Wolff ist Aufklärer, besonders insofern es ihm um die Forderung der »Vernunft« geht. Dieses Anliegen zeigt sich schon mit aller Deutlichkeit in den Titeln seiner Werke. Alle deutschen Lehrbücher Wolffs tragen Titel wie

»Vernünftige Gedanken von den Kräften des menschlichen Verstandes« (Halle 1712), »Vernünftige Gedanken von Gott, der Welt und der Seele des Menschen« (Frankfurt und Leipzig 1719) usw. – »Vernünftige Gedanken« zu verbreiten, ist sein Anliegen, und zwar in der praktischen Absicht, daß diese vernünftigen Gedanken praktisch nützlich, dem Gemeinwohl der Menschen und dem Fortschritt der Gesellschaft förderlich werden mögen. Wolff ist aber nicht Aufklärer im Sinne der französischen Enzyklopädisten. Er ist weder ein Gegner des Christentums noch der Religion und Gotteserkenntnis überhaupt, wenn er auch die natürliche Religion und die natürliche Moral in den Vordergrund stellt. So trägt auch Wolff in seiner Weise dazu bei, daß die Aufklärung im deutschen Raum nicht die radikalsten Formen erreicht.
Ein bedeutender Förderer der deutschen Aufklärung wurde König *Friedrich II.* von Preußen, der sich selbst den »Philosophen von Sanssouci« nannte, in enger Beziehung mit der französischen Aufklärung stand, Voltaire und Lamettrie als Gäste an seinen Hof einlud, selbst einige Werke schrieb, in denen er einen Deismus, verbunden mit stoischer Moral vertritt, noch mehr aber durch tatkräftige Förderung zur Verbreitung der Aufklärung beitrug.
Unter den Dichtern jener Zeit sind besonders Wieland und Lessing dem Geist der Aufklärung verbunden. *Christoph Martin Wieland* (1733–1813) ist zwar ohne philosophische Originalität, doch verbreitet er als Schriftsteller und Publizist in weiteren Kreisen die ästhetische Weltanschauung Shaftesburys, verbunden mit dem Freidenkertum der französischen Aufklärung. Bedeutender ist *Gotthold Ephraim Lessing* (1729–1781). Bekannt ist seine Parabel von den drei Ringen in dem Drama »Nathan der Weise«, worin er jede positive Religion als relativ und ihre Wahrheit für unentscheidbar hält. Allein in der moralischen Wirkung erblickt er das Kriterium echter Religiosität. In seinem philosophisch bedeutendsten Werk »Die Erziehung des Menschengeschlechtes« (Berlin 1780) unterscheidet er drei Stufen in der Entwicklungsgeschichte der Religion. Auf die Gesetzesreligion des Alten Testamentes folgt die Dogmenreligion inneren Glaubens an die im Neuen Testament geoffenbarten Wahrheiten; und diese Religion wird überwunden durch eine rein natürlich-moralische Vernunftreligion, die sich von jeder

dogmatisch-konfessionellen Bindung befreit. In diesem Sinn betreibt schon Lessing rationalistische Bibelkritik und wird damit zum Wegbereiter der Bibelkritik des 19. Jahrhunderts, die allein in der kritisch-rationalen Beweisbarkeit und Erklärbarkeit das Kriterium für die Wahrheit des Inhalts der Heiligen Schrift sieht. Schon Lessing deutet in diesem Sinn den Glaubensinhalt zu rational einsichtigen Vernunftwahrheiten um. Damit will er den vernunftgemäßen, bleibend gültigen Gehalt des Glaubens von seinem symbolischen Ausdruck abheben und weist damit in die Richtung der rationalistischen Theologie, die in der Folgezeit zu breiter Auswirkung kommt. Lessing war nicht Atheist, wie behauptet wurde, doch hat er sich auf keine religiöse Weltanschauung festgelegt. Anfangs war er Deist und neigte später einer pantheistischen, an Spinoza sich anlehnenden Weltdeutung zu, ohne aber in allem das spinozistische Denken zu übernehmen.

Schließlich gehört in den Raum der deutschen Aufklärung auch *Immanuel Kant* (1724–1804), dessen Denken entscheidend geprägt ist durch die Herkunft von der Wolffschen Schulphilosophie. Andererseits nimmt er wesentliche Einflüsse aus dem Raum der englischen Aufklärung in sich auf, besonders von Hume, dessen Empirismus er mit dem Rationalismus zur Synthese zu bringen sucht, aber auch von der ethischen Lebensauffassung Shaftesburys. Am deutlichsten der Aufklärung angehörig erweist sich Kant in seiner Religionsphilosophie, welche die Religion auf moralisches Handeln reduziert. Dennoch ist Kant ein Denker, der weit über das aufklärerische Denken hinauswächst und in seiner tiefdringenden Problematik eine völlig neue, nämlich kritisch-transzendentale Philosophie begründet, die das gesamte philosophische Denken auf eine neue Ebene stellt und eine neue Problemsituation schafft, die für die gesamte nachfolgende Philosophie zum bestimmenden Hintergrund wird.

# 5 Bibliographische Angaben

## 1. Allgemeine Literatur

Copleston, F. C.: History of Philosophy. Bd. 4. New York 1963.
Erdmann, J. E.: Versuch einer wissenschaftlichen Darstellung der Geschichte der neueren Philosophie. Faksimileneudruck Bd. 1–4, 2. Abt. Stuttgart 1931–1934.
Falckenberg, R.: Geschiche der neueren Philosophie. Leipzig [5]1905.
Gilson, E., Th. Langan: Modern Philosophy from Descartes to Kant. New York 1963.
Hirschberger, Joh.: Geschichte der Philosophie. Bd. 2. Freiburg i. Br. [7]1965.
Fischer, K.: Geschichte der Philosophie. Bd. 1–3 u. 10. Heidelberg 1902–1923.
Fischl, J.: Geschichte der Philosophie. Bd. 2 u. 3. Graz 1950.
Lamanna, E.: Storia della filosofia. Bd. 3. Firenze 1961.
Ueberweg, F.: Grundriß der Geschichte der Philosophie. Bd. 3, hrsg. u. bearb. v. M. Frischeisen-Köhler, V. Moog. Tübingen [12]1953.
Vorländer, K.: Philosophie der Neuzeit. Bd. 3 u. 4, bearb. v. H. Knittermeyer. Hamburg 1968.
Windelband, W., H. Heimsoeth: Lehrbuch der Geschichte der Philosophie. Tübingen 1935.

## 2. Ausgewählte Texte zur Geschichte der neueren Philosophie

Gadamer, H. G.: Philosophisches Lesebuch. Bd. 2. Frankfurt 1967.
Vorländer, K.: Philosophie der Neuzeit (Anhang), Bd. 3 u. 4, bearb. v. H. Knittermeyer. Hamburg 1968.

## 3. Allgemein zur Philosophie der Renaissance

Buck, A. (Hrsg.): Zum Begriff und Problem der Renaissance. Darmstadt 1969.
Cassirer, E.: Individuum und Kosmos in der Philosophie der Renaissance. Darmstadt [3]1969.
Dilthey, W.: Auffassung und Analyse des Menschen im 15. u. 16. Jh. In: Ges. Schriften. Bd. 2. Berlin 1914, 1–39.

Dresden, S.: Humanismus und Renaissance, aus dem Holländischen übers. v. L. Riedel. München 1968.
Hönigswald, R.: Philosophische Motive im neuzeitlichen Humanismus. Breslau 1918.
Hönigswald, R.: Die Philosophie von der Renaissance bis Kant. Berlin 1923.
Peuckert, W. E.: Die große Wende. Hamburg 1948.
Riekel, A.: Die Philosophie der Renaissance. München 1927.
Oppermann, H. (Hrsg.): Humanismus. Darmstadt 1970.

## 4. Descartes

Ausgaben:
Oeuvres, hrsg. v. C. Adam u. P. Tannery. Bd. 1–12. Paris 1897–1913; Nachdr. Paris 1950 ff.
Oeuvres et Lettres. Textes par A. Bridoux. Paris 1963.
Oeuvres philosophiques, hrsg. v. F. Alquié. Paris 1963.
Discours de la méthode, hrsg. v. E. Gilson. Paris [3]1962; dt. mit einer Abh. v. J.-P. Sartre. Mainz 1948; dt./frz. hrsg. v. L. Gäbe. Phil. Bibl. Hamburg 1960.
Werke, dt. hrsg. v. A. Buchenau. Bd. 1 u. 2. Leipzig (Phil. Bibl.) 1922; jetzt Die wichtigsten Schriften von Descartes, übers. u. hrsg. v. A. Buchenau. Phil. Bibl. Hamburg: Die Prinzipien der Philosophie, 1965; Meditationen über die Grundlagen der Philosophie, 1965; Regeln zur Leitung des Geistes, 1966, u. a.
Abhandlungen über die Methode des richtigen Vernunftgebrauchs und der wissenschaftl. Wahrheitsforschung, übers. v. K. Fischer, hrsg. v. H. Glockner. Stuttgart 1966.
Über den Menschen, übers. u. hrsg. v. K. E. Rothschuh. Heidelberg 1969.

Literatur:
Alquié, F.: Descartes, L'homme et l'oeuvre. Paris 1956; dt. v. Ch. Schwarze. Stuttgart 1962.
Aster, E. v.: Einführung in die Philosophie Descartes. München 1921.
Beck, L. J.: The Method of Descartes. Oxford 1952.
Brockdorff, C. v.: Descartes und die Fortbildung der kartesianischen Lehre. München 1923.
Brunschwicg, L.: Descartes. Paris 1937.
Buchdahl, G.: Metaphysics and the Philosophy of Science. The Classical Origins, Descartes to Kant (Kap. III). Oxford 1969.
Cresson, A.: Descartes, Sa vie, son oeuvre, avec un exposé de sa philosophie. Paris [5]1962.
Gilson, E.: Etudes sur la rôle de la pensée médiévale dans la formation du système cartésien. Paris [3]1967.
Gouhier, H.: La pensée métaphysique de Descartes. Paris 1962.
Gouhier, H.: Les grandes avenues de la pensée philosophique en France depuis Descartes. Paris 1966.
Halbfass, W.: Descartes' Frage nach der Existenz der Welt. Meisenheim a. Gl. 1968.
Jaspers, K.: Descartes und die Philosophie. Berlin [4]1966.
Kenny, A.: Descartes. A study of his philosophy. New York 1968.

Leslie, J. B.: The Metaphysics of Descartes. Oxford 1965.
Löwith, K.: Gott, Mensch und Welt in der Metaphysik von Descartes bis Nietzsche. Göttingen 1967.
Mahnke, D.: Der Aufbau des philosophischen Wissens nach R. Descartes. München 1967.
Maritain, J.: Tres reformadores: Lutero, Descartes, Rousseau. Buenos Aires 1968.
Oggini, E.: Cartesio filosofo della controriforma. Bologna 1959.
Rodis-Lewis: Descartes et le rationalisme. Paris ²1970.
Röd, W.: Descartes' Erste Philosophie (Erghft., Kantstudien 103). Bonn 1971.
Röd, W.: Objektivismus und Subjektivismus als Pole der Descartes-Interpretation. In: Phil. Rundschau 16 (1969) 28–39.
Röd, W.: Die innere Genesis des cartesianischen Systems. München 1965.
Schmidt, G.: Aufklärung und Metaphysik. Die Neubegründung des Wissens durch Descartes. Tübingen 1965.
Smith, N. K.: Studies in the Cartesian Philosophy. New York 1968.
Specht, R.: R. Descartes in Selbstzeugnissen und Bilddokumenten. Reinbek 1966.
Weizsäcker, C. F. v.: Descartes und die neuzeitliche Naturwissenschaft. Hamburg 1962.

## 5. Pascal

Ausgaben:

Oeuvres complètes, hrsg. v. L. Brunschwicg, E. Boutroux und F. Gazier. Bd. 1–14. Paris 1908–1923.
Oeuvres complètes, hrsg. v. F. Strowski. Bd. 1–3. Paris 1923–1931.
Oeuvres complètes, hrsg. H. Gouhier und L. Lafuma. Paris 1963.
Dt. Ausg.: Gedanken, hrsg. v. W. Rüttenauer. Leipzig 1938; neu hrsg. mit einem Vorwort v. R. Guardini. Bremen ⁶1964.
Über die Religion, hrsg. v. E. Wasmuth. Heidelberg ⁶1963.
Logik des Herzens. Pensées, franz./dt., ausgew. u. übers. v. Fr. Paepke. Ebenhausen 1959.
Vermächtnis eines großen Herzens. Die kleineren Schriften, hrsg. v. W. Rüttenauer. Leipzig 1938.
Vom Geist der Geometrie, ed. L. Struve. Wiesbaden 1947.
Die Kunst zu überzeugen u. andere kleinere phil. Schriften, hrsg. v. E. Wasmuth. Heidelberg ³1963.
Wohin alles zielt (Pensées sur la religion et sur quelques autres sujets). Eine Auswahl, besorgt v. E. Witte, geschr. v. K. Wolff, übertragen v. E. Wasmuth. Wuppertal 1966.

Literatur:

Béguin, A.: Blaise Pascal in Selbstzeugnissen und Bilddokumenten, übers. v. Fr. Otting, mit dokument. u. bibliogr. Anhang v. P. Raabe. Reinbek ³1965.
Baudouin, Ch.: Blaise Pascal. Paris 1969.
Bonyer, L.: The Pascal mystery. Chicago 1950.

Cresson, A.: Pascal. Sa vie, son oeuvre avec un exposé de sa philosophie. Paris [5]1962.
Friedenthal, R.: Entdecker des Ich. Montaigne, Pascal, Diderot. München 1969.
Huxley, A.: Pascal. Dt. v. H. E. Herlitschka. München 1960.
Kambartel, F.: Pascal und die Wissenschaftskritik. In: Hochland 57 (1964/65) 254–263.
Lafuma, L.: Controverses Pascaliennes. Paris 1952.
Manthey, F.: Blaise Pascal als Deuter menschlicher Existenz. Hildesheim 1965.
Spoerri, Th.: Der verborgene Pascal. Hamburg 1955.
Spoerri, Th.: Pascal heute. Zürich 1968.
Steinmann, J.: Pascal. Brügge [2]1962; dt. v. F. G. Coudenhove. Stuttgart 1959.
Wasmuth, E.: Die Philosophie Pascals. Heidelberg 1949.
Wasmuth, E.: Der unbekannte Pascal. Regensburg 1962.

## 6. Malebranche

Ausgaben:
De la recherche de la vérité, hrsg. v. G. Rodis-Lewis. 3 Bde. Paris [4]1962/63 (Dt. Bd. 1–4, Halle 1776–1780; davon Bd. 1 neu hrsg. v. A. Buchenau. München 1920). Neue Gesamtausgabe: Oeuvres complètes bei J. Vrin. Paris 1958 ff.
Malebranche (Textes choisis de N. Malebranche), hrsg. v. P. Ducassé. Paris [3]1968.
Von der Erforschung der Wahrheit, übers. u. hrsg. v. A. Klemmt. Hamburg 1968 (Phil. Bibl.).

Literatur:
Banchetti, S.: Il pensiero e l'opera di N. Malbranche. Milano 1963.
Buchenau, A.: Über den Begriff des Unendlichen bei Malebranche. In: Kantstudien 14 (1909).
Cuvillier, A.: Essai sur la Mystique de Malebranche. Paris 1954.
Roma, B. K.: The Philosophy of Malebranche. Chicago 1963.
Stieler, G.: Nicolas Malebranche. Stuttgart 1925.
Tilman-Timon, A.: Malebranche ou la prière cartésienne. Paris 1967.
Walton, C.: Malebranche's ontology. In: Journal of the Hist. of Phil. 7 (1969), 143–61.

## 7. Spinoza

Ausgaben:
Opera quotquot reperta sunt, hrsg. von J. v. Vloten u. J. P. N. Land. Bd. 1 u. 2. Den Haag 1882–83.
Opera, hrsg. v. C. Gebhardt. Bd. 1–5. Heidelberg 1925 ff.

Dt. Ausgabe: Sämtliche Werke, hrsg. v. O. Baensch, A. Buchenau, C. Gebhardt, Leipzig 1914 (Phil. Bibl.); jetzt in der Phil. Bibl. Hamburg (auch als einzelne Schriften erhältlich): Kurze Abhandlungen von Gott, dem Menschen und seinem Glück, 1959; Die Ethik, 1955; Theolog.-politischer Traktat, ⁵1965.
Die Ethik. Schriften und Briefe, hrsg. v. F. Bülow. Stuttgart 1966.
Lat./dt. Gesamtausgabe, hrsg. v. K. Blumenstock. Bd. 2. Darmstadt 1967 (Bd. 1, 3, 4 in Vorbereitung).

Literatur:
Altwicker, N.: Texte zur Geschichte des Spinozismus. Darmstadt 1971.
Cramer, W.: Die absolute Reflexion I: Spinozas Philosophie des Absoluten. Frankfurt 1966.
Cresson, A.: Spinoza. Sa vie, son oeuvre, sa philosophie. Paris 1960.
De Vries, T.: Baruch Spinoza in Selbstzeugnissen und Bilddokumenten; aus dem Niederl. übers. v. E. Meter-Plant. Reinbek 1970.
Di Vona, P.: Studi sull' ontologia di Spinoza. Firenze 1960.
Dunin-Borkowski, S. v.: Spinoza. Bd. 1–4. Den Haag 1933–1936.
Dunin-Borkowski, S. v.: Spinoza nach 300 Jahren. Berlin 1932.
Hallett, H. F.: Creation, Emanation and Salvation. A Spinozistic Study. Den Haag 1962.
Hammacher, K.: Spinozas Gedanken der Identität und die Begründung im menschlichen Verhalten. In: Zeitschrift f. phil. Forschung 23 (1969), 23–35.
Höffding, A.: Spinozas Ethica. Heidelberg 1924.
Joachim, H.: A Study of the Ethics of Spinoza. New York 1964.
Roth, L.: Spinoza. New York ²1955.
Röd, W.: Spinozas Lehre von der Societas II. In: Filosofia ¹⁹(1968), 671–698.
Röhrich, W.: Staat der Freiheit. Zur politischen Philosophie Spinozas. Darmstadt 1969.
Wolf, M.: Spinozas Ethik. Eine kritische Einführung. Bern 1958.
Wolfson, A.: The philosophy of Spinoza. Cambridge 1948.
Wolfson, A.: Spinoza. A life of reason. New York ²1969.
Zac, S.: L'idée de vie dans la philosophie de Spinoza. Paris 1963.

## 8. Leibniz

Ausgaben:
Die philosophischen Schriften v. G. W. Leibniz, hrsg. v. C. J. Gerhardt, Bd. 1–7, Berlin 1875–90 (Nachdr. Hildesheim 1965).
Sämtliche Schriften und Briefe, Leipzig 1924 ff.; davon erschienen: Reihe 1 (Allg. polit. u. hist. Briefwechsel), Bd. 1–4; Reihe 2 (Phil. Briefwechsel), Bd. 1; Reihe 4 (Pol. Schriften), Bd. 1; Reihe 6 (Phil. Schriften), Bd. 1; diese Ausgabe wird fortgeführt von der Dt. Akademie d. Wiss. zu Berlin.
Dt. Ausg. der Phil. Werke: Auswahl Bd. 1–5, hrsg. v. E. Cassirer, A. Buchenau u. W. Schmied-Kowarzik. Leipzig 1904–1925 (Phil. Bibl.); jetzt einzelne Schriften in Neuauflage in der Phil. Bibl. Hamburg.
Dt./frz. Ausgabe, Bd. 1–6, hrsg. u. übers. v. H. H. Holz, im Erscheinen. Darmstadt 1961 ff.

Dt. Auswahl, hrsg. v. G. Krüger. Leipzig 1933; Neudruck, Stuttgart 1958.
Schöpferische Vernunft. Die Schriften aus den Jahren 1668–1686, hrsg. v. W. Engelhardt. Köln ²1955.
Fragmente der Logik, ausgew., übers. u. erläut. v. Fr. Schmidt. Berlin 1960.
Monadologie, übers., eingel. u. erläut. v. H. Glockner. Stuttgart ²1966.
Confessio philosophi (lat./dt.). Ein Dialog, übers. u. hrsg. v. O. Saame. Frankfurt 1967.
Kleine Schriften zur Metaphysik, übers. u. hrsg. v. H. H. Holz. Frankfurt 1965.
Theologisches System, übers. v. C. Haas (Nachdr. d. Ausg. Tübingen 1860). Hildesheim 1966.
Politische Schriften I, hrsg. u. eingel. v. H. H. Holz. Frankfurt a. M. 1966.

Literatur:
Belaval, L.: Leibniz. Initation à sa philosophie. Paris 1962.
Burgelin, P.: Commentaire du Discours de métaphysique de Leibniz. Paris 1959.
Carr, W.: Leibniz. New York 1960.
Cassirer, E.: Leibniz' System in seinen wissenschaftl. Grundlagen (Unveränd. fotomech. Nachdr. d. 1. Aufl. 1902). Darmstadt 1962.
Collins, J. D.: The continental rationalists. Descartes, Spinoza, Leibniz. Milwaukee 1967.
Dilthey, W.: Leibniz und sein Zeitalter. In: Ges. Schr., Bd. 3. Berlin 1927, 3–79.
Feuerbach, L.: Darstellung, Entwicklung und Kritik der Leibnizschen Philosophie. 1837.
Heinekamp, A.: Das Problem des Guten bei Leibniz (Kantstudien Erg. H. 98). Bonn 1969.
Hochstetter, E. G. Schischkoff (Hrsg.): Zum Gedenken an den 250. Todestag v. G. W. Leibniz (Zeitschr. f. phil. Forsch., 20, H. 3/4), Meisenheim/Glan 1966.
Hochstetter, E. (Hrsg.): Leibniz zu seinem 300. Geburtstag 1646–1946. Berlin 1946–1952.
Holz, H. H.: Leibniz. Stuttgart 1958.
Horn, J. Ch.: Monade und Begriff. Der Weg von Leibniz zu Hegel. Wuppertal ²1965.
Huber, K.: Leibniz. München 1951.
Janke, W.: Leibniz. Die Emendation der Metaphysik. Frankfurt a. M. 1963.
Krüger, L.: Rationalismus und Entwurf einer universalen Logik bei Leibniz (Wissenschaft und Gegenwart 42). Frankfurt 1969.
Ludovici, C. G.: Ausführlicher Entwurf einer vollständigen Historie der Leibnizschen Philosophie zum Gebrauch seiner Zuhörer herausgegeben (Nachdruck d. Ausgabe Leipzig 1737). Hildesheim 1966.
Martin, G.: Leibniz. Logik und Metaphysik. Berlin ²1967.
Müller, K., W. Totok (Hrsg.): Studia Leibnitiana. 2 Bde. Wiesbaden 1968.
Müller, K., G. Krönert (Hrsg.): Leben und Werk von G. W. Leibniz. Frankfurt 1969.
Ortega y Gasset, J.: Der Prinzipienbegriff bei Leibniz und die Entwicklung der Deduktionstheorie, übers. v. E. Kirschner. München 1966.
Rescher, N.: The philosophy of Leibniz. London 1967.
Schneider, R., W. Totok (Hrsg.): Leibniz. Der internationale Leibniz-Kongreß in Hannover. Hannover 1968.

Simonovits, A.: Dialektisches Denken in der Philosophie von G. W. Leibniz, dt. Bearbeitung v. Schuffenhauer, Noelle u. Faak. Bern 1968.
Totok, W., C. Haase (Hrsg.): Leibniz. Sein Leben – sein Wirken – seine Welt. Hannover 1966.
Winter, E.: Leibniz und die Aufklärung (Sitzungsberichte d. Dt. Akad. d. Wissenschaften zu Berlin. Kl. Philosophie, Geschichte, Staats-, Rechts- u. Wirtschaftswissenschaften 3). Berlin 1968.
Zum 250. Todestag von G. W. Leibniz. In: Antaios, Jg. 8, H. 2, Stuttgart 1966.

## 9. Wolff

Ausgaben:

Werke, hrsg. v. J. Ecole, J. E. Hoffmann, M. Thomann, H. W. Arndt, Abt. I, Dt. Schriften. Hildesheim 1965 ff. Abt. II, Lt. Schriften. Hildesheim 1962 ff.
Briefwechsel zwischen Leibniz und Chr. Wolff, hrsg. v. C. J. Gerhardt. Halle 1880; Nachdr. Hildesheim 1963.
Philosophia prima sive ontologia (Frankfurt ²1736), hrsg. v. J. Ecole. Nachdr. Darmstadt 1962.

Literatur:

Arndt, H. W.: Christian Wolffs Stellung zur »Ars characteristica combinatoria«. In: Filosofia 16(1965), 743–52.
Bissinger, A.: Die Struktur der Gotteserkenntnis. Studien zur Philosophie Christian Wolffs (Abhandlg. zur Philosophie, Psychologie, Pädagogik, 63). Bonn 1970.
Burns, J.: Dynamism in the cosmology of Christian Wolff. New York 1966.
Campo, M.: Chr. Wolff e il razionalismo precritico. 2 Bde. Mailand 1939.
Ecole, J.: La philosophia prima sive ontologia d. Ch. Wolff. Histoire, doctrine et méthode. In: Giornale di Metafisica 16(1961).
Ecole, J.: Cosmologie Wolffienne et dynamique Leibnizienne. In: Etudes philosophiques 19(1964).
Lüthje, H.: Christian Wolffs Philosophiebegriff. In: Kantstudien 30(1925).
Ruello, F.: Christian Wolff et la scholastique. In: Traditio 19(1963).
Wundt, M.: Chr. Wolff u. die dt. Aufklärung. In: Das Deutsche in der deutschen Philosophie, 1941.
Wundt, M.: Die deutsche Schulphilosophie im Zeitalter der Aufklärung (Nachdr. d. Ausgabe Tübingen 1945). Hildesheim 1964.

## 10. Bacon

Ausgaben:

Works, hrsg. v. J. Spedding, R. L. Ellis, D. D. Heath. Bd. 1–14. London 1857–1874. Nachdr. Stuttgart 1959 ff., New York 1968.
Essays oder Praktische u. moralische Ratschläge (Teilsamml.), hrsg. v. L. Schücking. Stuttgart 1970.

Neues Organ der Wissenschaften, übers. u. hrsg. v. A. T. Brück (Nachdr. d. Aufl. Leipzig 1830). Darmstadt 1962.
Über die Würde und den Fortgang der Wissenschaften, hrsg. v. H. Pfingsten. Repr. Nachdr. Darmstadt 1966.
Sylva sylvarum and New Atlantis, d. hrsg. v. K. J. Heinisch, Hamburg 1960.

Literatur:
Cantor, F. N., P. L. Klein (Hrsg.): Seventeen-Century Rationalism. Bacon and Descartes. Waltham 1969.
Carbonava, C.: Francesco Bacone et il metodo sperimentale. Napoli 1963.
Cresson, B.: Bacon. Paris ²1956.
Crowther, J. G.: Francis Bacon, the first statesman of science. London 1960.
De Mas, E.: Bacone e Vico. Torino 1959.
Escat, G.: Bacon. Paris 1968.
Farrington, B.: Bacon, philosopher of industrial science. New York 1951.
Farrington, B.: The philosophy of Francis Bacon. Chicago 1967.
Green, A. W.: Bacon. Life and works. Denver 1952.
Green, A. W.: Sir Francis Bacon. New York 1966.
Jameson, Th.: Francis Bacon. New York 1954.
Orsini, N.: Bacone e Macchiavelli. Genua 1936.
Schneiders, W.: Einige Bemerkungen zum gegenwärtigen Stand der Bacon-Forschung. In: Zeitschrift f. philos. Forschung 16(1962) 450–71.

## 11. Hobbes

Ausgaben:
The English Works, hrsg. v. W. Molesworth. Bd. 1–11. London 1839–1845; Nachdr. Aalen 1962 ff.
Opera philosophica quae latine scripsit omnia, hrsg. v. W. Molesworth. Bd. 1–5. London 1839–1845; Nachdruck Aalen 1961 ff.
De cive, dt. in: Grundzüge der Philosophie, hrsg. v. M. Frischeisen-Köhler. Leipzig 1918; jetzt übers., eingel. u. Register v. G. Gawlick. Hamburg 1959 (Phil. Bibl.).
Vom Körper (Elemente der Philosophie I), ausgew. u. übers. v. M. Frischeisen-Köhler. Hamburg ²1967 (Phil. Bibl.).
Vom Menschen. Vom Bürger, übers. v. M. Frischeisen-Köhler. Nach der lat. Orig. berichtigt v. G. Gawlick. Berlin 1967.
Leviathan oder Wesen, Form u. Gewalt des kirchlichen und bürgerlichen Staates. 1. Der Mensch. 2. Der Staat, übers. v. D. Tidow, hrsg. v. P. C. Mayer-Tasch. Reinbek ²1969.

Literatur:
Bobbio, N.: Da Hobbes a Marx. Napoli 1965.
Bowle, J.: Hobbes and his critics. London 1951.
Diesselhorst, M.: Ursprünge des modernen Systemdenkens bei Hobbes. Stuttgart 1968.
Feuerbach, P. J. A.: Anti-Hobbes (Nachdr. d. Orig. Giessen 1797). Darmstadt 1967.

Gauthier, D. P.: The Logic of Leviathan. Oxford 1969.
Koselleck, R., R. Schnur (Hrsg.): Hobbes-Forschungen. Berlin 1969.
Mayer, P. C., T. Tasch: Hobbes und das Widerstandsrecht. Tübingen 1965.
Mintz, S. I.: The Hunting of Leviathan. 17th Century Reactions to the Materialism and Moral Philosophy of T. Hobbes. New York 1962.
Peters, R.: Hobbes. London 1956.
Polin, R.: Politique et Philosophie chez Thomas Hobbes. Paris 1953.
Riedel, M.: Kausalität und Finalität in Hobbes' Naturphilosophie. In: Kantstudien 60(1969), 417–435.
Roesch, E. J.: The Totalitarian Threat. The Fruition of Modern Individualism as seen in Hobbes and Rousseau. New York 1963.
Schnur, R.: Individualismus und Absolutismus. Zur politischen Theorie von T. Hobbes. Berlin 1963.
Stephen, L.: Hobbes. Ann Arbor 1961.
Strauss, L.: Hobbes' politische Wissenschaft. Berlin 1965.
Warrender, W.: The Political Philosophy of Hobbes. Oxford 1957.
Willms, B.: Die Antwort des Leviathan. Thomas Hobbes' politische Theorie. Neuwied 1970.
Wolf, F. O.: Die neue Wissenschaft des Thomas Hobbes. Stuttgart 1969.

## 12. Locke

Ausgaben:

Works, Bd. 1–10, London 1823; Repr. Aalen 1963.
Ein Brief über Toleranz, engl./dt., übers., eingel. u. in Anm. erl. v. J. Ebbinghaus. Hamburg ²1966 (Phil. Bibl.).
Versuch über den menschlichen Verstand, hrsg. v. C. Winckler. 2 Bde. Leipzig 1911–1913 (Phil. Bibl.), jetzt Hamburg 1968 (Phil. Bibl.).
Gedanken über Erziehung, übers. u. hrsg. v. H. Wohlers. Bad Heilbrunn 1966.
Über die Regierung, übers. v. D. Tidow, mit einem Essay: »John Locke, der Weg zur Freiheit«, biogr. Grundriß u. Bibliographie, hrsg. v. P. C. Mayer-Tasch. Reinbek 1966.
Einige Gedanken über Erziehung, übers. u. hrsg. v. J. B. Deermann. Paderborn 1967.
Über den richtigen Gebrauch des Verstandes, hrsg. v. O. Martin. Leipzig 1920 (Phil. Bibl.).
Zwei Abhandlungen über die Regierung, hrsg. v. W. Euchner. Frankfurt a. M. 1967.

Literatur:

Aron, R.: John Locke. New York ²1965.
Alexander, S.: Locke, Reprint of the 1908. Washington 1970.
Ayer, A. J., R. Winch: British empirical philosophers. Locke, Berkeley, Hume and J. S. Mill. New York 1968.
Bobbio, N.: Locke e il diritto naturale. Torino 1963.
Bourne, H. R. F.: The Life of John Locke I–II (London 1876). Aalen 1969.
Euchner, W.: Naturrecht und Politik bei J. Locke. Frankfurt 1968.
Fowler, T.: Locke. Reprint of the 1888. New York 1969.
Gibson, J.: Locke's Theory of Knowledge. New York ²1960.

Kraus, J. L.: John Locke. Empiricist, atomist, conceptualist and agnostic. New York 1968.
Martin, Ch. B., D. M. Armstrong (Hrsg.): Locke and Berkeley. A collection of critical essays. New York 1968.
Maier, H. (Hrsg.): Klassiker des politischen Denkens. Bd. 2, Von Locke bis Max Weber. München 1968.
O'Connor, D. J.: John Locke. New York 1967.
Schmidt, S. J.: Sprache und Denken als sprachphilosophisches Problem von Locke bis Wittgenstein. Gravenhage 1968.
Seliger, M.: The liberal politics of John Locke. New York 1969.
Yolton, J. W. (Hrsg.): John Locke: Problems and Perspectives. A collection of new essays. New York 1969.

## 13. Berkeley

Ausgaben:

Works, hrsg. v. A. C. Fraser. Bd. 1–4. London 1871; neue Ausg. Oxford 1901.
The Works, hrsg. v. A. A. Luce u. T. E. Jessop. Bd. 1–9. Edinburgh 1947–1957.
Versuch einer neuen Theorie der Gesichtswahrnehmung, hrsg. v. R. Schmidt. Leipzig 1912 (Phil. Bibl.).
Siris, übers. u. hrsg. v. L. u. F. Raab. Leipzig 1913 (Phil. Bibl.).
Alciphron, übers. u. hrsg. v. L. u. F. Raab. Leipzig 1915 (Phil. Bibl.).
Abhandlungen über die Prinzipien der menschlichen Erkenntnis, hrsg. v. F. Ueberweg. Leipzig 1920 (Phil. Bibl.).
Drei Dialoge zwischen Hylas und Philonous, übers. v. R. Richter, hrsg. v. R. Schmidt. Leipzig 1926 (Phil. Bibl.); hrsg. v. E. Pracht u. G. Mende. Berlin 1955.
Philosophisches Tagebuch, übers. u. hrsg. v. A. Hecht. Leipzig 1926 (Phil. Bibl.).

Literatur:

Allaire, F. B.: Berkeley's Idealism. Essays in Ontology. Den Haag 1963.
Ardley, G.: Berkeley's Philosophy of Nature. Auckland 1962.
Ardley, G.: Berkeley's Renovation of Philosophy. Den Haag 1968.
Bracken, H. M.: The Early Reception of Berkeley's Immaterialism 1710–1733. Gravenhage 1959.
Gueroult, M.: Berkeley. Quatre études sur la perception et sur Dieu. Paris 1956.
Hicks, G. D.: Berkeley. New York [2]1968.
Johnston, G. A.: The development of Berkeley's philosophy. New York 1965.
Metz, R.: George Berkeley. Leben und Lehre (Faks.-Neudr. d. Ausg. Stuttgart 1925). Stuttgart 1968.
Olscamp, P. J.: The moral philosophy of George Berkeley (Archives internationales d'histoire des idées. International archives of the history of ideas 33). Den Haag 1970.
Pucelle, J.: Berkeley ou l'itinéraire de l'âme à Dieu (Philosophes de tous les temps 35). Paris 1967.

Rossi, M. M.: Introduzione a Berkeley (I filosofi 3). Bari 1970.
Steinkraus, W. E. (Hrsg.): New Studies in Berkeley's Philosophy. New York 1966.
Warnock, G. J.: Berkeley. Harmoudsworth 1969.
Wild, J. D.: G. Berkeley. A Study of his Life and Philosophy. New York 1962.

## 14. Hume

Ausgaben:

Philosophical Works, hrsg. v. T. H. Green u. T. H. Grose. Bd. 1–4 (London 1882–1886). Repr. Aalen 1964.
Dialoge über natürliche Religion, hrsg. v. F. Paulsen. Leipzig 1905 (Phil. Bibl.); neu bearb. v. G. Gawlick. Hamburg [4]1968 (Phil. Bibl.).
Traktat über die menschliche Natur, hrsg. v. T. Lipps. 2 Bde. Leipzig [2]1923.
Untersuchung über den menschlichen Verstand, hrsg. v. R. Richter, Leipzig [9]1928 (Phil. Bibl.); jetzt: Phil. Bibl. Hamburg 1964; hrsg. auch v. H. Herring. Stuttgart 1967.
Untersuchung über die Prinzipien der Moral, hrsg. v. C. Winckler. Leipzig 1929 (Phil. Bibl.), jetzt Phil. Bibl. Hamburg 1955.

Literatur:

Beck, L. W.: Six secular philosophers: Religious themes in the thought of Spinoza, Hume, Kant, Nietzsche, W. James, Santayana. New York 1966.
Bongie, L. L.: David Hume, prophet of the counter-revolution. New York 1965.
Broiles, R. D.: The moral philosophy of David Hume. Den Haag [2]1969.
Brown, R. R.: Between Hume and Mill. An anthology of British philosophy, 1749–1813. New York 1970.
Brunetto, F.: La questione della vera causa in David Hume. Bologna 1964.
Carendish, A. D.: David Hume. New York [2]1968.
Church, R. W.: Hume's theory of the understanding. Hamden 1968.
Jeffner, A.: Butler and Hume on religion (Studia Doctrinae Christianae Upsaliensia). Stockholm 1966.
Kuypers, M. J. S.: Studies in the eighteenth century background of Hume's empiricism. New York 1966.
Laing, B. M.: David Hume. New York [2]1968.
Laird, J.: Hume's philosophy of human nature. Hamden 1967.
Lauener, H.: Hume und Kant. Systematische Gegenüberstellung einiger Hauptpunkte ihrer Lehren. Bern 1969.
Löwisch, D. J.: Kants Kritik der reinen Vernunft und Humes Dialogues concerning natural religion. In: Kantstudien 56(1965), 170–207.
Mall, R. A.: Hume's concept of man. An essay in philosophical anthropology. New York 1968.
Metz, R.: David Hume. Leben und Philosophie (Faks.-Neudr. d. Ausg. Stuttgart 1929). Stuttgart 1968.
Santucci, A.: L'umanismo scettico di David Hume. Bologna 1965.
Vergez, A.: Hume (Philosophes). Paris 1969.
Wilbanks, J.: Hume's theory of imagination. Den Haag 1968.

## 15. Aufklärung


Baruzzi, A. v.: Aufklärung und Materialismus im Frankreich des 18. Jahrhunderts. München 1968.

Brereton, G. (Hrsg.): French Thought in the 18th Century. New York 1953.

Brockdorff, C. v.: Die deutsche Aufklärungsphilosophie. München 1926.

Brockdorff, C. v.: Die englische Aufklärungsphilosophie. München 1924.

Cassirer, E.: Die Philosophie der Aufklärung. Tübingen 1932.

Dilthey, W:. Studien zur Geschichte des deutschen Geistes (Ges. Schriften, Bd. 3). Berlin 1927.

Gay, P.: The Enlightenment. An Interpretation. 2 Bde. London–New York 1967–1969.

Ghio, M.: L'idea di progresso nell'illuminismo francese e tedesco. Torino 1962.

Groethuysen, B.: Philosophie de la Révolution française. Paris 1956.

Krauss, W.: Studien zur deutschen und französischen Aufklärung. Berlin 1963.

Krauss, W. (Hrsg.): Grundpositionen der französischen Aufklärung. Berlin 1955.

Krauss, W.: Die französische Aufklärung im Spiegel der deutschen Literatur des 18. Jahrhunderts. Berlin 1963.

Mittelstrass, J.: Neuzeit und Aufklärung. Berlin 1970.

Oelmüller, W.: Die unbefriedigte Aufklärung. Frankfurt 1969.

Schalk, F.: Studien zur frz. Aufklärung. München 1964.

Schöffler, H.: Deutscher Geist im 18. Jahrhundert. Göttingen 1956.

Schöffler, H.: Deutsches Geistesleben zwischen Reformation und Aufklärung. Frankfurt 1956.

Stephen, L.: History of the English Thought in the 18th Century. 2 Bde. 1876–1880. New York 1963.

Streisand, J.: Geschichtliches Denken von der deutschen Frühaufklärung bis zur Klassik. Berlin 1964.

Wolff, H. M.: Die Weltanschauung der deutschen Aufklärung. Bern 1949.

Wundt, M.: Die deutsche Schulphilosophie im Zeitalter der Aufklärung (Nachdr. d. Ausg. Tübingen 1945). Hildesheim 1964.

## Personenverzeichnis

## Sachverzeichnis